suhrkamp taschenbuch 62

Claude Lévi-Strauss, geboren am 28. November 1908 in Brüssel, lehrte von 1935 bis 1939 Soziologie an der Universität von São Paulo und nahm in dieser Zeit an mehreren wissenschaftlichen Expeditionen ins Innere Brasiliens teil. Von 1942 bis 1945 lehrte er an der New York School for Social Research, 1950 erhielt er an der Ecole Pratique des Hautes Etudes in Paris einen Lehrstuhl für vergleichende Religionswissenschaften der schriftlosen Völker und 1959 am Collège de France den Lehrstuhl für Anthropologie. Werke: *La vie familiale et sociale des Indiens Nambikwara* 1948, *Les structures élémentaires de la parenté* 1949, *Race et histoire* 1952, *Tristes Tropiques* 1955, *Anthropologie structurale* 1958, *Le totémisme aujourd'hui* 1962, *La pensée sauvage* 1962, *Le cru et le cuit* 1964, *Du miel aux cendres* 1966, *L'origine des manières de table* 1968, *L'homme nu* 1971.

1952 veröffentlichte die UNESCO eine Schriftenreihe, in der von wissenschaftlicher Seite in allgemeinverständlicher Form die Unsinnigkeit jeder Art von Rassismus dargelegt werden sollte. Unter den Autoren befand sich der damals nur in Fachkreisen bekannte Ethnologe Lévi-Strauss, dessen Beitrag das Thema jedoch weit überschritt und sich heute als leichtfaßliche Einführung in den Problemkreis des Strukturalismus anbietet, jener Theorie, die seit dem letzten Jahrzehnt alle Humanwissenschaften und darüber hinaus das Denken unserer Zeit herausfordert.

Wie in keiner anderen Arbeit werden in dieser die praktisch-politischen Implikationen des Denkens von Lévi-Strauss deutlich. An die Stelle der wissenschaftlich unsinnigen Diskussion über die angebliche Überlegenheit oder Unterlegenheit einer Rasse gegenüber einer anderen tritt die Diskussion über die unleugbare Verschiedenheit der Kulturen. Dabei wird anhand verschiedener Fortschrittsdefinitionen der westliche Fortschrittsbegriff relativiert. Es wird gezeigt, daß technischer Fortschritt nur durch das Zusammenwirken verschiedener Kulturen zustande kommt. Das Problem, vor dem wir heute stehen, verlangt das genaue Gegenteil einer »rassistischen Lösung«: Wie können wir der zunehmenden Homogenisierung der Kulturen gewaltlos entgegensteuern, um eine fortschritterhaltende Heterogenität der Kulturen zu erzeugen?

Claude Lévi-Strauss
Rasse und Geschichte

Aus dem Französischen
von Traugott König

Suhrkamp

suhrkamp taschenbuch 62
Erste Auflage 1972

Druck: Ebner, Ulm · Printed in Germany
Umschlag nach Entwürfen
von Willy Fleckhaus und Rolf Staudt

Inhalt

1. Rasse und Kultur 7
2. Die Verschiedenheit der Kulturen 11
3. Der Ethnozentrismus 16
4. Archaische und primitive Kulturen 24
5. Die Idee des Fortschritts 31
6. Stationäre und kumulative Geschichte 37
7. Der Stellenwert der westlichen Zivilisation 48
8. Zufall und Zivilisation 54
9. Das Zusammenwirken der Kulturen 66
10. Der doppelte Sinn des Fortschritts 75

Bibliographie der Arbeiten von Claude Lévi-Strauss 83

1. Rasse und Kultur

Es mag überraschen, wenn in einer Schriftenreihe, die sich den Kampf gegen den Rassismus zum Ziel gesetzt hat, vom Beitrag der Menschenrassen zur Weltzivilisation gesprochen wird. Umsonst hätte man also so viel Talent und so viele Bemühungen aufgeboten, um darzulegen, daß nach dem derzeitigen Stand der Wissenschaft die Behauptung, eine Rasse sei der anderen intellektuell überlegen oder unterlegen, jeder Grundlage entbehrt, wenn unterderhand die Gültigkeit des Rassebegriffs doch wiederhergestellt würde, indem man zu beweisen scheint, daß die großen ethnischen Gruppen, die die Menschheit bilden, *als solche* spezifische Beiträge in das gemeinsame Erbe eingebracht hätten.

Nichts liegt uns jedoch ferner als eine derartige Behauptung, die lediglich auf eine positive Formulierung der rassistischen Doktrin hinausliefe. Wer die biologischen Rassen durch besondere psychologische Eigenarten zu kennzeichnen versucht, der entfernt sich in jedem Fall von der wissenschaftlichen Wahrheit, ganz gleich, ob er es positiv oder negativ formuliert. Selbst Gobineau, in dem die Geschichte den Vater der rassistischen Theorien sieht, verstand die »Ungleichheit der Menschenrassen« nicht als eine quantitative, sondern als eine qualitative: für ihn waren die ursprünglichen großen Rassen der Menschheit – die weiße, die gelbe und die schwarze Rasse – nicht so sehr ungleich an absolutem Wert als vielmehr in ihren verschiedenen Fähigkeiten. Der Makel der Entartung war für ihn viel mehr mit dem Phänomen der Rassenvermischung als mit der Stellung einer bestimmten Rasse auf einer allgemeinen Wertskala verbunden; die Vermischung war also eine Plage, mit der die ganze Menschheit, ohne Unterschied der Rasse, in zunehmendem Maße geschlagen war. Die Erbsünde der Anthropologie besteht jedoch in der Verwendung des rein biologischen Rassebegriffs (vorausgesetzt übrigens, daß selbst in diesem begrenzten Bereich dieser Begriff Anspruch auf Objektivität erheben kann, was die moderne Genetik bestreitet) zur Erklärung der unterschiedlichen soziologischen und psychologischen Leistungen der einzelnen Kulturen. Allein durch diese Erbsünde war Gobineau schon in dem Teufelskreis eingeschlossen, der von einem intellektuellen Irrtum, der durchaus guten Glaubens begangen sein konnte, zur zwangsläufigen Legitimierung aller Diskriminierungs- und Ausbeutungsunternehmen führt.

Wenn wir also in dieser Studie vom Beitrag der Menschenrassen zur Zivilisation sprechen, so wollen wir damit nicht sagen, bei den kulturellen Beiträgen Asiens oder Europas, Afrikas oder Amerikas ließe sich irgendeine Originalität aus der Tatsache herleiten, daß diese Kontinente im großen und ganzen von Bewohnern unterschiedlicher rassischer Herkunft bevölkert sind. Wenn eine solche Originalität vorhanden ist – und das ist ohne Zweifel der Fall –, so rührt sie von den geographischen, historischen und soziologischen Verhältnissen her und nicht von bestimmten Fähigkeiten, die etwas mit der anatomischen oder physiologischen Konstitution der Schwarzen, Gelben oder Weißen zu tun hätten. Wir haben jedoch den Eindruck, durch die Betonung des negativen Aspekts bei der bisher vorliegenden Schriftenreihe besteht die Gefahr, daß jener andere, ebenso wichtige, Aspekt des Lebens der Menschheit zu kurz kommt: nämlich die Tatsache, daß diese sich nicht in gleichförmiger Monotonie entwikkelt, sondern in Form ganz unterschiedlicher Gesellschaften und Zivilisationen. Diese intellektuelle, ästhetische und soziologische Verschiedenheit hängt durch keine Ursache-Wirkung-Relation mit jener anderen zusammen, die biologisch zwischen bestimmten feststellbaren Aspekten der menschlichen Gruppierungen vorhanden ist: sie läuft ihr lediglich in einem anderen Bereich parallel, unterscheidet sich von ihr aber zugleich durch zwei wichtige Merkmale. Zunächst existiert sie in einer anderen Größenordnung. Es gibt viel mehr Kulturen als Rassen, denn die einen zählen nach Tausenden, die anderen nach Einern: zwei Kulturen, die von Menschen derselben Rasse hervorgebracht wurden, können sich ebenso oder mehr voneinander unterscheiden als zwei Kulturen von rassisch weit voneinander entfernten Gruppierungen. Zweitens: Im Unterschied zur Verschiedenheit der Rassen, bei denen vor allem ihre historische Herkunft und ihre räumliche Verteilung von Interesse ist, stellt uns die Verschiedenheit der Kulturen vor zahlreiche Probleme, denn man kann sich fragen, ob sie für die Menschheit von Vorteil oder von Nachteil ist, ein Fragenkomplex, der natürlich wieder viele Einzelfragen umfaßt.

Schließlich und vor allem muß man sich fragen, worin diese Verschiedenheit eigentlich besteht, selbst auf die Gefahr hin, daß die rassistischen Vorurteile, kaum daß sie ihre biologische Grundlage verloren haben, in einem anderen Bereich neu entstehen. Was wäre aber damit gewonnen, wenn man den Mann auf der Straße so weit gebracht hätte, daß er schwarzer oder weißer Hautfarbe, glattem oder krausem Haar keine intellektuelle oder moralische Bedeutung mehr beimißt, und sich dann über jenes andere Problem ausschwiege, das sich erfahrungsgemäß sofort als nächstes stellt: Wenn es keine angeborenen rassischen Fähigkeiten gibt, wie läßt sich dann erklären, daß die von den Weißen hervorgebrachte Zivilisation jene immensen Fortschritte gemacht hat, während die der farbigen Völker zurückgeblieben sind, entweder auf halbem Wege oder in einem Rückstand von Tausenden oder Zehntausenden von Jahren? Das Problem der Ungleichheit der *Rassen* kann also nicht dadurch gelöst werden, daß man ihre Existenz verneint, wenn man sich nicht gleichzeitig mit dem der Ungleichheit – oder Verschiedenheit – der *Kulturen* beschäftigt, die in der öffentlichen Meinung, wenn auch nicht theoretisch, so doch praktisch, eng mit jener zusammenhängt.

2. Die Verschiedenheit der Kulturen

Will man wissen, wie und in welchem Maße sich die Kulturen voneinander unterscheiden, ob diese Unterschiede einander annullieren oder widersprechen, oder ob sie in einem harmonischen Ganzen zusammenlaufen, dann muß man zunächst versuchen, eine Bestandsaufnahme von ihnen zu machen. Aber damit beginnen schon die Schwierigkeiten, denn die Kulturen unterscheiden sich voneinander nicht in der gleichen Art und Weise. Wir haben es, erstens, mit verschiedenen Gesellschaften im Raum zu tun, von denen die einen wenig, die anderen weit voneinander entfernt liegen, aber doch, im großen und ganzen, zur selben Zeit existieren. Zweitens müssen wir Formen gesellschaftlichen Lebens berücksichtigen, die zeitlich aufeinander gefolgt sind und die wir nicht aus direkter Erfahrung kennen. Denn jeder Mensch kann sich zwar in einen Ethnographen verwandeln und an Ort und Stelle das Leben einer Gesellschaft teilen, die ihn interessiert; dagegen wird er, selbst als Historiker oder Archäologe, niemals in direkten Kontakt zu einer untergegangenen Zivilisation treten können, sondern nur mit Hilfe von schriftlichen Dokumenten oder figürlichen Denkmälern, die diese Gesellschaft – oder andere über sie – hinterlassen hat. Schließlich darf man nicht vergessen, daß die zeitgenössischen Gesellschaften, die die Schrift nicht kannten, genauso wie diejenigen, die wir »wilde« oder »primitive« Gesellschaften nennen, ebenfalls auf frühere Gesellschaftsformen gefolgt sind, deren, selbst indirekte, Kenntnis praktisch unmöglich ist. Eine gewissenhafte Bestandsaufnahme aller Kulturen wird also unendlich viel mehr weiße Kästchen enthalten als solche, in die wir etwas eintragen können. Daraus ergibt sich eine erste Feststellung: die Vielfalt der Kulturen ist, in der Gegenwart faktisch und in der Vergangenheit faktisch und theoretisch, viel größer und reicher als alles, was zu kennen uns je vergönnt sein wird.

Aber selbst wenn wir von diesem Gefühl unserer bescheidenen Kenntnismöglichkeiten durchdrungen und von unseren Grenzen überzeugt sind, werden wir auf weitere Probleme stoßen. Was heißt: verschiedene Kulturen? Manche Kulturen scheinen sich voneinander durchaus zu unterscheiden, aber wenn sie von einem gemeinsamen Stamm herleitbar sind, so unterscheiden sie sich nicht im gleichen Maße voneinander wie zwei Gesellschaften, die in keinem Augenblick ihrer Entwicklung in Beziehungen zueinander standen. Das alte Inkareich von Peru unterscheidet sich von dem afrikanischen Reich von Dahomey viel stärker als zum Beispiel England von den heutigen Vereinigten Staaten, obwohl auch diese beiden Gesellschaften als zwei verschiedene behandelt werden müssen. Umgekehrt scheinen bestimmte Gesellschaften, die erst kürzlich in engen Kontakt miteinander getreten sind, das Erscheinungsbild der gleichen Zivilisation zu bieten, obwohl sie auf unterschiedlichen Wegen dahin gelangt sind, was man nicht einfach außer acht lassen kann. In den menschlichen Gesellschaften sind gleichzeitig Kräfte am Werk, die in entgegengesetzten Richtungen wirken: die einen tendieren zur Erhaltung und sogar Verstärkung der Partikularismen, die anderen wirken auf Konvergenz und Affinität hin. Das Studium der Sprache bietet dafür frappierende Beispiele: Während Sprachen gleicher Herkunft die Tendenz haben, sich auseinanderzuentwickeln (Russisch, Französisch, Englisch zum Beispiel), entwickeln Sprachen verschiedener Herkunft, die jedoch in angrenzenden Territorien gesprochen werden, gemeinsame Merkmale. Das Russische hat sich zum Beispiel in mancher Hinsicht von anderen slawischen Sprachen entfernt, sich zugleich aber, zumindest was bestimmte phonetische Erscheinungen angeht, den finno-ugrischen und Turksprachen, die in seiner unmittelbaren geographischen Umgebung gesprochen werden, angenähert.

Bei der Untersuchung solcher Tatsachen – ebenso wie verwandter Bereiche der Zivilisation wie gesellschaftliche Institutionen, Kunst, Religion – ergibt sich die Frage, ob die verschiedenen Gesellschaften, wenn man ihre gegenseitigen Beziehungen betrachtet, sich nicht durch ein gewisses *Optimum* an Verschiedenheit unterscheiden, das sie nicht ungefährdet überschreiten und hinter dem sie auch nicht ungefährdet zurückbleiben können. Dieses Optimum müßte variieren, je nach Anzahl, zahlenmäßigem Umfang, geographischer Entfernung und den, sowohl materiellen wie intellektuellen, Kommunikationsmitteln der einzelnen Gesellschaften. Das Problem der Verschiedenheit betrifft nämlich nicht nur das Verhältnis der Kulturen untereinander, es stellt sich auch innerhalb jeder Gesellschaft bei allen Gruppen, aus denen sie sich zusammensetzt: Kasten, Klassen, Berufs- oder Religionsgruppen usw. entwickeln bestimmte Unterschiede, denen jede von ihnen äußerste Wichtigkeit beimißt. Man kann sich sogar fragen, ob diese *innere Differenzierung* nicht gerade dann zunimmt, wenn eine Gesellschaft in anderer Hinsicht an Umfang und Homogenität gewinnt. Das war vielleicht beim alten Indien der Fall, als sich mit der arischen Hegemonie auch das Kastensystem entwickelte.

Wir sehen also, daß die Verschiedenheit der Kulturen kein statischer Begriff ist. Diese Verschiedenheit ist nicht in einer unveränderlichen Mustersammlung oder in einem trocknen Katalog fixierbar. Natürlich können wir sagen, daß die Menschen, auf Grund der geographischen Entfernung, der besonderen Eigenarten der Umwelt und ihrer Unkenntnis voneinander, verschiedene Kulturen hervorgebracht haben. Und doch träfe das nur dann ganz zu, wenn sich jede Kultur oder Gesellschaft in völliger Isolierung von allen anderen entwickelt hätte. Das ist jedoch niemals der Fall, abgesehen von einigen Ausnahmen wie der der Tasmanier (und auch da gilt das nur für eine begrenzte Zeit). Die menschlichen Gesellschaften sind niemals voneinander isoliert. Sogar die, die am stärksten voneinander getrennt erscheinen, bestehen selbst aus verschiedenen Gruppen oder Blöcken. So kann man zwar ohne Übertreibung sagen, daß die nordamerikanischen und südamerikanischen Kulturen während einer Periode von 10000 bis 25000 Jahren fast völlig von der übrigen Welt abgeschnitten waren. Aber andrerseits bestand dieser abgetrennte Teil der Menschheit aus einer Fülle von großen und kleinen Gesellschaften, die in engem Kontakt zueinander standen. Und neben den Unterschieden, die aus der Isolierung resultieren, stehen die ebenso wichtigen Unterschiede, die von der Nachbarschaft herrühren: dem Wunsch, sich gegeneinander abzusetzen, sich zu unterscheiden, etwas Eignes zu sein. Viele Sitten sind nicht aus einer inneren Notwendigkeit oder einem bestimmten günstigen Ereignis entstanden, sondern allein aus dem Willen, nicht hinter einer benachbarten Gruppe zurückzubleiben, die einen bestimmten Bereich, für den man selbst noch keine Regeln geschaffen, einem bestimmten Gebrauch unterworfen hatte. Die Verschiedenheit der Kulturen darf uns also nicht zu einer aufspaltenden oder gespalteten Betrachtungsweise veranlassen. Sie ist weniger eine Funktion der Isolierung als vielmehr der gegenseitigen Beziehung der einzelnen Gruppen.

3. Der Ethnozentrismus

Und dennoch scheint die Verschiedenheit der Kulturen den Menschen selten als das vorgekommen zu sein, was sie tatsächlich ist: ein natürliches Phänomen, das von den direkten oder indirekten Beziehungen der Gesellschaften untereinander herrührt. Sie haben in ihr eher eine Art Ungeheuerlichkeit oder Skandal gesehen. Auf diesem Gebiet hat der Fortschritt der Kenntnisse nicht so sehr darin bestanden, diesen Schein zugunsten einer exakteren Auffassung zu zerstören, als vielmehr, ihn als Tatsache hinzustellen und herauszufinden, wie man damit fertig werden kann.

Die älteste Haltung – die zweifellos auf soliden psychologischen Grundlagen beruht, weil sie bei jedem von uns auftritt, wenn er sich einer unerwarteten Situation gegenübersieht – besteht darin, alle kulturellen Formen, moralische, religiöse, gesellschaftliche, ästhetische, die am weitesten von denen entfernt sind, mit denen wir uns identifizieren, schlicht und einfach abzulehnen. »Gewohnheiten von Wilden«, »das ist nicht von hier«, »so etwas müßte man verbieten« usw. – das sind die üblichen plumpen Reaktionen, die das entsprechende Schaudern, die entsprechende Abwehr gegenüber uns fremden Lebens-, Glaubens- und Denkweisen wiedergeben. Die Antike, zum Beispiel, subsumierte alles, was nicht zur griechischen (später griechisch-römischen) Kultur gehörte, unter dem Begriff »Barbar«; die westliche Zivilisation bediente sich dann des Ausdrucks »Wilder« in der gleichen Weise. Hinter diesen Epitheta verbirgt sich das gleiche Urteil: wahrscheinlich bezieht sich das Wort »Barbar« etymologisch auf das unartikulierte Geräusch des Vogelgezwitschers als Gegensatz zum bedeutungstragenden Wert der menschlichen Sprache, und das französische Wort *»sauvage«* (Wilder), das »aus dem Wald« bedeutet (vom lateinischen »silvaticus« abgeleitet), erinnert ebenfalls an eine tierische Lebensweise im Gegensatz zur menschlichen Kultur. In beiden Fällen wird die Tatsache einer kulturellen Verschiedenheit einfach geleugnet. Alles, was nicht der Norm entspricht, nach der man selber lebt, wird aus der Kultur in den Bereich der Natur verwiesen.

Über das Vorhandensein dieser naiven, aber bei den meisten Menschen tief verwurzelten Auffassung braucht nicht weiter diskutiert zu werden, weil ja unsere Broschüre sie gerade widerlegen soll. Wir wollen nur noch darauf hinweisen, daß sie ein sehr bezeichnendes Paradox enthält. Diese Denkhaltung, die die »Wilden« (oder alle, die man als solche ansehen will) aus der Menschheit ausschließt, ist gerade das ausgeprägteste und auffallendste Merkmal jener Wilden selbst. Bekanntlich ist der Begriff »Menschheit«, der ohne Unterschied der Rasse oder Zivilisation alle Lebensformen der Gattung Mensch einschließt, ziemlich spät aufgekommen und sehr wenig verbreitet. Selbst da, wo er seine höchste Ausbildung erfahren zu haben scheint, steht keineswegs fest – die jüngste Geschichte beweist es –, daß er gegen Mehrdeutigkeiten und Rückbildungen gesichert ist. Aber weiten Teilen der Gattung Mensch scheint dieser Begriff -zig Tausende von Jahren völlig unbekannt zu sein. Die Menschheit endet an den Grenzen des Stammes, der Sprachgruppe, manchmal sogar des Dorfes, so daß eine große Zahl sogenannter primitiver Völker sich selbst einen Namen gibt, der »Menschen« bedeutet (oder manchmal – mit etwas mehr Zurückhaltung – »die Guten«, »die Hervorragenden«, »die Vollendeten«), was gleichzeitig einschließt, daß die anderen Stämme, Gruppen oder Dörfer keinen Anteil an den guten Eigenschaften – oder sogar an der Natur – des Menschen haben, sondern höchstens aus »Schlechten«, »Bösen«, »Erdaffen« oder »Läuseeiern« bestehen. Manchmal spricht man den Fremden sogar noch jene letzte Stufe an Realität ab, indem man sie als »Fantome« oder »Erscheinungen« ansieht. So kommt es also zu der merkwürdigen Situation, daß zwei Gesprächspartner sich ihre abwertenden Bezeichnungen auf grausame Weise zurückgeben. Als einige Jahre nach der Entdeckung Amerikas die Spanier Untersuchungskommissionen nach den großen Antillen schickten, die erforschen sollten, ob die Eingeborenen eine Seele besäßen, gingen letztere daran, weiße Gefangene einzugraben, um durch Beobachtung zu prüfen, ob ihre Leiche der Verwesung unterläge.

Diese zugleich barocke und tragische Anekdote illustriert das Paradox des kulturellen Relativismus (den wir woanders in anderen Formen wiederfinden können). In dem Maße, wie man eine strenge Trennung zwischen Kulturen und Sitten festzulegen glaubt, identifiziert man sich um so vollständiger mit denjenigen, von denen man sich gerade abzusetzen versucht. Wer diejenigen aus der Menschheit ausschließt, die ihm als die »Wildesten« oder »Barbarischsten« ihrer Vertreter erscheinen, der nimmt nur selbst eines ihrer typischsten Merkmale an. Denn ein Barbar ist ja vor allem derjenige, der an die Barbarei glaubt.

Die großen philosophischen oder religiösen Systeme der Menschheit – ob es sich nun um Buddhismus, Christentum, Islam oder um Stoizismus, Kantianismus, Marxismus handelt – haben ständig gegen diese irrige Auffassung gekämpft. Aber die bloße Proklamation der natürlichen Gleichheit aller Menschen und der Brüderlichkeit, die sie ohne Ansehen der Rasse oder der Kultur vereinigen sollte, ist intellektuell enttäuschend, weil sie die faktische Verschiedenheit übergeht, die sich der Beobachtung aufzwingt und von der man nicht einfach behaupten kann, daß sie das Problem im Kern nicht berühre, so daß man sie theoretisch und praktisch als nicht vorhanden ansehen könne. Die Präambel der zweiten Unesco-Erklärung über das Rassenproblem weist daher auch gewissenhaft darauf hin, daß das, was den Menschen auf der Straße von der Existenz verschiedener Rassen überzeugt, »die unmittelbare sinnliche Evidenz ist, wenn er einen Afrikaner, einen Europäer, einen Asiaten und einen Indianer nebeneinander sieht«.

Die großen Erklärungen der Menschenrechte haben die gleiche Stärke und Schwäche, ein Ideal zu proklamieren und dabei allzuoft außer acht zu lassen, daß der Mensch seine Natur nicht in einer abstrakten Menschheit realisiert, sondern in traditionellen Kulturen, in denen die revolutionärsten Veränderungen ganze Bereiche unangetastet lassen und sich selbst auf Grund einer genau durch Raum und Zeit bestimmten Situation erklären. Der moderne Mensch schwankt zwischen den beiden Versuchungen, entweder die Erfahrungen, die ihn affektiv stören, zu verurteilen, oder die Unterschiede, die er intellektuell nicht versteht, zu leugnen. Um diesem Dilemma zu entgehen, überläßt er sich Hunderten von philosophischen und soziologischen Spekulationen im Hinblick auf müßige Kompromisse zwischen diesen sich widersprechenden Extremen und versucht, sich die Verschiedenheit der Kulturen begreiflich zu machen, indem er alles unterschlägt, was er daran als skandalös und schockierend empfindet.

Aber so vielfältig und manchmal sogar bizarr alle diese Spekulationen auch sein mögen, so laufen sie doch alle auf ein einziges Rezept hinaus, das der Begriff *falscher Evolutionismus* sicher am besten kennzeichnet. Was ist darunter zu verstehen? Es handelt sich hier ganz genau um den Versuch, die Verschiedenheit der Kulturen zu leugnen, aber gleichzeitig so zu tun, als würde man sie voll anerkennen. Denn wenn man die unterschiedliche Beschaffenheit sowohl der alten als auch der entfernten Gesellschaften als *Stadien* oder *Etap-*

pen einer einzigen Entwicklung behandelt, die, vom gleichen Ausgangspunkt herkommend, auch zum gleichen Ziel führen muß, so wird ihre Verschiedenheit zu einem bloßen Schein. Die Menschheit wird als ein einheitliches, mit sich selbst identisches Wesen gesehen, nur daß sich diese Einheitlichkeit und Identität nicht anders als schrittweise verwirklichen kann und daß die Verschiedenheit der Kulturen lediglich die Momente eines Prozesses illustriert, der eine dahinterliegende Realität verbirgt oder deren Manifestation verzögert.

Diese Definition mag angesichts der ungeheuren Siegeszüge des Darwinismus als allzu summarisch erscheinen. Aber um diesen geht es gar nicht, denn der biologische Evolutionismus und der Pseudo-Evolutionismus, den wir hier meinen, sind zwei ganz verschiedene Lehren. Die erste entstand als eine umfassende Arbeitshypothese auf Grund von Beobachtungen, die der Interpretation nur einen geringen Spielraum lassen. Die verschiedenen Typen der Genealogie des Pferdes, zum Beispiel, können nämlich aus zwei Gründen in eine evolutionäre Reihe eingeordnet werden: erstens, zur Erzeugung eines Pferdes ist immer ein Pferd notwendig, und zweitens, die in den übereinandergeschichteten, also nach unten historisch immer älteren Erdschichten enthaltenen Skelette variieren graduell von der jüngsten bis zur archaischsten Form. So ist im höchsten Maße wahrscheinlich, daß das *Hipparion* der tatsächliche Vorfahre des *Equus caballus* ist. Die gleiche Schlußfolgerung läßt sich zweifellos für die Gattung Mensch und ihre Rassen ziehen. Geht man aber von den biologischen zu den kulturellen Tatbeständen über, so werden die Dinge kompliziert. Man kann materielle Gegenstände ausgraben und feststellen, daß, je nach der Tiefe der geologischen Schichten, Form und Fabrikationsweise eines bestimmtes Gegenstandtyps fortschreitend variieren. Und dennoch setzt ja eine Axt nicht, wie das Tier, physisch eine andere Axt in die Welt. Die Formulierung, eine Axt habe sich aus einer anderen entwickelt, ist also eine metaphorische, ungenaue Ausdrucksweise, die nicht die strenge Wissenschaftlichkeit einer entsprechenden Aussage über biologische Phänomene hat. Was schon für materielle Gegenstände zutrifft, deren tatsächliches Vorhandensein im Erdboden für bestimmbare Epochen bezeugt ist, gilt noch mehr für Institutionen, Religionen und Geschmäcker, deren Vergangenheit uns ganz allgemein unbekannt ist. Der Begriff der biologischen Evolution entspricht einer Hypothese, die einen der höchsten Wahrscheinlichkeitskoeffizienten hat, die man im Bereich der Naturwissenschaften überhaupt antreffen kann, während der Begriff der gesellschaftlichen oder kulturellen Evolution höchstens ein zwar bestechendes, aber gefährlich bequemes Verfahren der Tatsachendarstellung ist.

Dieser allzuoft übersehene Unterschied zwischen wahrem und falschem Evolutionismus erklärt sich übrigens aus dem Datum des Aufkommens beider Lehren. Der soziologische Evolutionismus erhielt zweifellos durch den biologischen Evolutionismus einen starken Impuls. Aber er geht ihm, was die Tatsachen angeht, voraus. Wir brauchen nicht einmal bis zu den antiken und dann von Pascal wieder übernommenen Auffassungen zurückzugehen, nach denen die Menschheit als ein lebendiges Wesen gesehen wird, das die aufeinanderfolgenden Stadien der Kindheit, Jugend und Reife durchläuft. Auch das 18. Jahrhundert ist reich an solchen Grundschemata, die danach Gegenstand zahlloser Manipulationen werden sollten: die »Spiralen« von Vico, seine »drei Zeitepochen«, die die »drei Zustände« von Comte ankündigen, die »Stufenleiter« von Condorcet. Die beiden Begründer des gesellschaftlichen Evolutionismus, Spencer und Tylor, entwickeln und veröffentlichen ihre Lehre noch vor der *Entstehung der Arten* von Darwin, oder ohne dieses Werk zu kennen. Der gesellschaftliche Evolutionismus, der der wissenschaftlichen Theorie des biologischen Evolutionismus vorausgeht, ist allzuoft die pseudowissenschaftliche Verbrämung eines uralten philosophischen Problems, von dem keineswegs sicher ist, daß es durch Beobachtung und Induktion eines Tages wird gelöst werden können.

4. *Archaische und primitive Kulturen*

Wir haben oben gesagt, daß jede Gesellschaft von ihrem eignen Gesichtspunkt aus die anderen Kulturen in drei Kategorien einteilen könne: die zeitgenössischen Kulturen, die es an einem anderen Ort der Erde gibt; die Kulturen, die sich annähernd im gleichen Raum entwickelt haben, ihr jedoch zeitlich vorausgegangen sind; und schließlich die Kulturen, die es sowohl in früherer Zeit als auch in einem anderen Raum gegeben hat.

Wir haben außerdem gesehen, daß diese drei Gruppen in ganz unterschiedlicher Weise erforschbar sind. Was Kulturen der dritten Kategorie angeht, die zugleich keine Schrift, keine Architektur und nur rudimentäre Techniken haben (wie es bei der Hälfte der bewohnten Erde und, je nach den Regionen, bei 90 bis 99 % des Zeitraums seit Beginn der Zivilisation der Fall ist), so müssen wir von ihnen sagen, daß wir nichts über sie in Erfahrung bringen können und daß alles, was wir uns von ihnen vorzustellen versuchen, auf reinen Hypothesen beruht.

Dagegen ist es sehr verführerisch, zwischen den Kulturen der ersten Kategorie Beziehungen zeitlicher Aufeinanderfolge herzustellen. Wie sollten zeitgenössische Gesellschaften, die weder die Elektrizität noch die Dampfmaschine kennen, nicht an die entsprechende Entwicklungsphase der westlichen Zivilisation denken lassen? Wie sollte man die Eingeborenenstämme, die weder die Schrift noch die Metallurgie kennen, aber Figuren auf Felswände ritzen und Steinwerkzeuge herstellen, nicht mit den archaischen Formen derselben Zivilisation vergleichen können, deren Spuren in den Grotten Frankreichs und Spaniens ihre Verwandtschaft beweisen? Genau hier hat der falsche Evolutionismus allen Spekulationen Tor und Tür geöffnet. Und dennoch ist gerade dieses verführerische Spiel, dem wir uns bei jeder Gelegenheit fast unwillkürlich überlassen, höchst verderblich. (Gefällt sich der westliche Tourist nicht darin, im Orient das »Mittelalter«, im Peking der Zeit vor dem Ersten Weltkrieg das »Zeitalter Ludwigs XIV.« und bei den Eingeborenen Australiens oder Neuguineas die »Steinzeit« wiederzufinden?) Von den untergegangenen Zivilisationen kennen wir nur einige Aspekte, und zwar um so weniger, je älter die entsprechende Zivilisation ist, weil es sich dabei nur um jene Aspekte handeln kann, die die Zerstörungen der Zeit überlebt haben. Trotzdem wird einfach ein Teil für das Ganze genommen, und von der Tatsache, das *einige* Aspekte zweier Zivilisationen (einer gegenwärtigen und einer verschwundenen) Ähnlichkeiten aufweisen, wird auf die Analogie *aller* Aspekte geschlossen. Eine solche Schlußfolgerung ist jedoch nicht nur logisch unzulässig, sondern sie wird auch in vielen Fällen von den Tatsachen widerlegt.

Bis in eine relativ junge Epoche hinein besaßen die Tasmanier und die Patagonier Werkzeuge aus zugeschlagenem Stein, die bestimmte australische und amerikanische Stämme noch heute herstellen. Aber die Untersuchung solcher Instrumente hilft uns nur wenig, den Gebrauch der Werkzeuge der paläolithischen Epoche zu erkennen. Wie bediente man sich der berühmten »Faustkeile«, deren Gebrauch immerhin so genau festgelegt sein mußte, daß ihre Form und Herstellungstechnik 100000 oder 200000 Jahre lang streng standardisiert geblieben ist, und zwar auf einem Territorium, das sich von England bis nach Südafrika und von Frankreich bis nach China erstreckte? Wozu dienten jene ungewöhnlichen dreieckigen abgeflachten Steine des Levalloisien, die man zu Hunderten in den Ablagerungen findet und über deren Verwendung man noch keine Hypothese gefunden hat? Was waren jene angeblichen »Kommandostäbe« aus Rentierknochen? Worin bestand die Technologie des Tardenoisien, das eine unglaubliche Menge von winzigen abgeschlagenen Steinstückchen in unendlich verschiedenen geometrischen Formen hinterlassen hat, aber sehr wenige Werkzeuge im Maß der menschlichen Hand? Alle diese Ungewißheiten zeigen, daß zwischen den paläolithischen Gesellschaften und bestimmten Eingeborenengesellschaften immer nur eine einzige Ähnlichkeit besteht: sie haben sich zugeschlagener Steinwerkzeuge bedient. Aber schon was die Technologie angeht, können wir nicht mehr sagen. Die Bearbeitung des Materials, die Werkzeugtypen und damit ihre Bestimmung waren sehr unterschiedlich, und die einen lehren uns dabei wenig über die anderen. Wie könnten sie uns gar etwas über die Sprache, die sozialen Institutionen oder über die religiösen Auffassungen lehren?

Eine der populärsten Interpretationen des kulturellen Evolutionismus betrifft die Felsmalerei der Gesellschaften des mittleren Paläolithikums, die uns als magische Darstellungen im Zusammenhang mit Jagdriten erklärt werden. Hier wird folgendermaßen argumentiert: die gegenwärtigen primitiven Völker praktizieren Jagdriten, die uns oft keinerlei Nutzwert zu haben scheinen. Die prähistorischen Felsmalereien scheinen, sowohl wegen ihrer Zahl als auch wegen ihrer Lage in den tiefsten Grotten, ebenfalls keinerlei Nutzwert zu haben. Ihre Urheber waren Jäger, also dienten sie Jagdriten. Man braucht die Argumentation nur wiederzugeben, um schon ihre mangelnde Folgerichtigkeit ermessen zu können. Außerdem ist sie immer vor allem bei Laien verbreitet, denn die Ethnographen kennen diese primitiven Völker, die so gerne von einem pseudowissenschaftlichen Kannibalismus, der sich wenig um die Integrität der Kulturen kümmert, »in einen Topf geworfen« werden, und sie sind sich darüber einig, daß nichts an den beobachteten Fakten irgendeine Hypothese über jene Dokumente erlaubt. Außerdem sind die primitiven »Künste«, mit Ausnahme der südafrikanischen Felsmalereien (die übrigens von manchen als das Werk jüngerer Eingeborenen angesehen werden), ebensoweit vom Magdalénien und Aurignacien entfernt wie von der zeitgenössischen europäischen Kunst. Denn diese Künste zeichnen sich durch einen sehr hohen Stilisierungsgrad aus, der bis zu äußersten Deformationen geht, während die prähistorische Kunst durch einen ergreifenden Realismus gekennzeichnet ist. Man könnte versucht sein, in diesem letzten Merkmal den Ursprung der europäischen Kunst zu sehen. Aber auch das wäre nicht exakt, denn auf demselben Territorium sind der paläolithischen Kunst andere Formen gefolgt, die nicht die gleichen Merkmale hatten. Die Kontinuität des geographischen Fundbereichs ändert nichts an der Tatsache, daß auf demselben Boden sich verschiedene Völker abgelöst haben, die das Werk ihrer Vorgänger nicht kannten oder nicht daran anknüpften und von denen jedes entgegengesetzte Religionen, Techniken und Stile mitbrachte.

Durch seinen Ziviliationsstand erinnert zwar auch das präkolumbianische Amerika am Vorabend der Entdeckungen an das europäische Paläolithikum. Aber diese Verwandtschaft erweist sich bei näherer Betrachtung ebenfalls als Schein: In Europa bestehen Landwirtschaft und Viehhaltung nebeneinander, während in Amerika die außerordentlich hohe Entwicklung der Landwirtschaft mit dem fast vollständigen Fehlen (oder zumindest einer extremen Begrenzung) der Viehhaltung einhergeht. In Amerika setzt sich das Steinwerkzeug in einer Agrarwirtschaft fort, die in Europa an den Beginn der Metallurgie gebunden ist.

Es ist müßig, noch weitere Beispiele anzuführen. Denn die Versuche, Reichtum und Ursprung der Kulturen zu erforschen und sie zugleich auf unterschiedlich rückständige Repliken der westlichen Zivilisation zu reduzieren, stoßen auf eine zweite, noch viel größere Schwierigkeit; im großen und ganzen (und mit Ausnahme von Amerika, auf das wir noch zurückkommen werden) haben alle Gesellschaften eine Vergangenheit etwa gleicher Größenordnung hinter sich. Um bestimmte Gesellschaften als »Etappen« der Entwicklung anderer behandeln zu können, müßte man davon ausgehen, daß für letztere etwas geschah, während für jene nichts geschah – oder doch sehr wenig. Daher spricht man auch gern von »geschichtslosen Völkern« (womit man manchmal auch sagen will, daß sie die glücklichsten waren). Diese elliptische Formulierung bedeutet lediglich, daß ihre Geschichte unbekannt ist und bleiben wird, aber nicht, daß sie nicht existiert. In -zig, ja in Hunderten von Jahrtausenden hat es auch dort Menschen gegeben, die geliebt, gehaßt, gelitten, geforscht und gekämpft haben. In Wirklichkeit gibt es gar keine kindlichen Völker; alle sind erwachsen, auch diejenigen, die keine Chronik ihrer Kindheit und Jugend verfaßt haben.

Man könnte zwar sagen, daß die Gesellschaften ihre Zeit verschieden genutzt haben, daß es für manche sogar verlorene Zeit gewesen ist, daß die einen mit Siebenmeilenstiefeln vorangeeilt sind, während die anderen gebummelt haben. Danach müßte man zwei Arten von Geschichte unterscheiden: eine progressive, sich anreichernde Geschichte, die ihre Funde und Erfindungen akkumuliert und damit große Zivilisationen errichtet, und eine vielleicht ebenso aktive, ebenso viele Talente weckende Geschichte, der es jedoch an synthetischer Begabung fehlt, die gerade das Privileg der ersteren ist. Anstatt daß jede Neuerung an die früheren Neuerungen anschließt und in der gleichen Richtung wirkt, geht sie in einer Art Schlängelpfad unter, dem es nie gelingt, sich auf längere Dauer von der ursprünglichen Richtung zu entfernen.

Diese Konzeption erscheint uns viel geschmeidiger und nuancierter als die vereinfachenden Auffassungen, die wir im vorhergehenden Kapitel dargestellt haben. Wir können sie bei unserer Interpretation der Verschiedenheit der Kulturen anwenden, ohne dabei einer von ihnen unrecht zu tun. Aber zuvor müssen noch einige weitere Fragen bedacht werden.

5. *Die Idee des Fortschritts*

Wir müssen zunächst die Kulturen der zweiten Kategorie betrachten, die der Kultur, von der aus man sie sieht, historisch vorangegangen sind. Ihr Fall ist viel komplizierter als die vorher behandelten Fälle. Denn die Hypothese einer Evolution, die sich für die räumlich entfernten zeitgenössischen Kulturen als so unsicher und brüchig erweist, scheint hier schwierig anzweifelbar und durch die Tatsachen sogar belegbar zu sein. Wir wissen durch übereinstimmende Zeugnisse der Archäologie, Vorgeschichte und Paläontologie, daß das gegenwärtige Europa zunächst von verschiedenen Spezies der Gattung *Homo* bewohnt war, die sich grob zugeschlagener Feuersteine als Werkzeuge bedienten, daß auf die ersten Kulturen andere gefolgt sind, bei denen sich das Zuschlagen der Steine verfeinert, zu dem dann der Steinschliff und die Bearbeitung von Knochen und Elfenbein hinzukommt, daß dann Töpferei, Webkunst, Ackerbau und Viehzucht auftreten und sich fortschreitend mit der Metallurgie verbinden, deren Etappen wir ebenfalls unterscheiden können. Die sukzessiven Formen ordnen sich also im Sinn einer Evolution und eines Fortschritts an: die einen sind weiter, die anderen weniger entwickelt. Wenn das alles zutrifft, wie sollten diese Unterscheidungen sich nicht unweigerlich auf die Art und Weise auswirken, in der wir zeitgenössische Kräfte behandeln, die analoge Abstände voneinander aufweisen?

Unsere früheren Schlußfolgerungen können also wieder in Frage gestellt werden.

Die Fortschritte, die die Menschheit seit ihrem Beginn gemacht hat, sind so manifest und eklatant, daß jeder Versuch, sie anzuzweifeln, zu einer rein rhetorischen Übung würde. Und dennoch ist es gar nicht so leicht, sie in eine regelmäßige und fortlaufende Reihe einzuordnen. Vor etwa 50 Jahren bedienten sich die Wissenschaftler dazu äußerst simpler Schemata: Steinzeit des zugeschlagenen Steins, Steinzeit des Steinschliffs, Kupferzeit, Bronzezeit, Eisenzeit. Das alles ist zu bequem. Heute vermuten wir, daß das Schleifen und das Zuschlagen der Steine manchmal gleichzeitig auftraten. Wenn die zweite Technik die erste völlig verdrängt, so ist das nicht das Ergebnis eines aus einer früheren Epoche spontan hervorgebrochenen technischen Fortschritts, sondern ein Versuch, die Metallwaffen und -werkzeuge in Stein zu kopieren, die zweifellos »fortgeschrittenere«, aber mit ihren Kopisten zeitgenössische Zivilisationen besaßen. Umgekehrt gehört die Töpferei, die man immer der »Steinzeit des Steinschliffs« zugeordnet hat, in bestimmten Gegenden Nordeuropas in die Steinzeit des zugeschlagenen Steins.

Was zum Beispiel die Periode des zugeschliffenen Steins, genannt Paläolithikum, angeht, so glaubte man noch vor einigen Jahren, daß die verschiedenen Formen dieser Technik – die respektive die »Kernindustrien«, die »Abschlagindustrien« und die »Klingenindustrien« kennzeichnen – einem historischen Fortschritt in drei Etappen entsprächen, die man Alt-, Mittel-, und Jung-Paläolithikum nannte. Heute nimmt man an, daß diese drei Formen koexistiert haben und keine Etappen eines Fortschritts in einer Richtung darstellten, sondern Aspekte oder, wie man sagt, »Fazies« einer sicher nicht statischen, sondern sehr komplexen Variationen und Transformationen unterworfenen Realität. Das Levalloisien, das wir schon erwähnten und dessen Blüte zwischen dem 250. und dem 70. Jahrtausend vor Christi Geburt anzusetzen ist, erreicht in der Zuschlagtechnik eine Perfektion, auf die wir sonst annähernd erst wieder am Ende des Neolithikums stoßen, das heißt 245000 bis 65000 Jahre später, und die wir heute wohl kaum reproduzieren könnten.

Was für die Kulturen gilt, gilt auch für die Rassen, ohne daß sich (wegen der unterschiedlichen Größenordnungen) irgendeine Korrelation zwischen diesen beiden Ebenen herstellen ließe: In Europa ist der Neandertaler nicht älter als die ältesten Formen des *Homo sapiens*. Diese lebten vielmehr zur gleichen Zeit oder vielleicht sogar früher. Und es ist nicht ausgeschlossen, daß die verschiedensten Hominiden zur gleichen Zeit, wenn auch nicht im gleichen Raum koexistiert haben: die »Pygmäen« Südafrikas, die »Riesen« Chinas und Indonesiens usw.

Wir wiederholen noch einmal: All das soll nicht heißen, daß wir das Vorhandensein eines Fortschritts der

Menschheit leugnen, sondern es soll uns nur zu größerer Behutsamkeit veranlassen. Prähistorie und Archäologie neigen heute dazu, verschiedene Zivilisationsformen, die wir uns bisher *in einer zeitlichen Stufenfolge* vorstellten, *im Raum zu verteilen.* Das bedeutet zweierlei: Erstens, der »Fortschritt« (wenn dieser Ausdruck überhaupt noch zur Bezeichnung eines Phänomens geeignet ist, das sich von dem, was man zunächst mit ihm meinte, stark unterscheidet) ist weder notwendig noch kontinuierlich; er vollzieht sich in Sprüngen oder, wie die Biologen sagen, in Mutationen. Diese Sprünge setzen sich nicht immer in der gleichen Richtung fort; sie sind mit Richtungsänderungen verbunden, die man sich wie die verschiedenen Zugmöglichkeiten eines Springers beim Schachspiel vorstellen kann, die nie in einer Richtung verlaufen. Die fortschreitende Menschheit ist kaum einem Wesen ähnlich, das eine Treppe hinaufsteigt, das heißt mit jeder seiner Bewegungen den bereits zurückgelegten Stufen eine neue hinzufügt; sie läßt eher an einen Spieler denken, dessen Glück von mehreren Würfeln abhängt und dem sich mit jedem Wurf immer neue Kombinationen bieten. Was er durch den einen gewinnt, kann er immer durch den anderen verlieren, und nur von Zeit zu Zeit ist die Geschichte kumulativ, das heißt, lassen sich die Zahlen zu einer günstigen Kombination addieren.

Daß die kumulative Geschichte nicht das Privileg einer bestimmten Zivilisation oder Epoche ist, zeigt das Beispiel Amerikas am deutlichsten. Dieser riesige

Kontinent erlebt die Ankunft des Menschen in kleinen Nomadengruppen, die im Zuge der letzten Vergletscherungen die Beringstraße passieren, zu einem Zeitpunkt, der nicht viel vor dem 20. Jahrtausend liegen dürfte. In 20 000 oder 25 000 Jahren gelingt diesen Menschen eine der erstaunlichsten Demonstrationen kumulativer Geschichte, die es auf der Welt gibt: sie erforschen vollständig die Ressourcen einer neuen natürlichen Umwelt, machen sich durch Züchtung (neben einigen Tierarten) die verschiedensten Pflanzenarten als Nahrungsmittel, Heilmittel und Gifte nutzbar und – das ist einmalig – machen giftige Substanzen wie den Maniok zur Grundnahrung und andere zu Stimulans- oder Betäubungsmitteln, sammeln für bestimmte Tierarten bestimmte Gifte oder Betäubungsmittel, von denen jedes eine andere Wirkung hat, und erreichen schließlich in bestimmten Kunstfertigkeiten wie der Webkunst, der Keramik und der Bearbeitung von Edelmetallen den höchsten Perfektionsgrad. Um diese immense Leistung ermessen zu können, braucht man sich nur den Beitrag Amerikas zu den Zivilisationen der Alten Welt zu vergegenwärtigen. An erster Stelle stehen die Kartoffel, der Kautschuk, der Tabak und die Koka (die Grundlage der modernen Anästhesie), die, wenn auch auf verschiedene Weise, vier Pfeiler der westlichen Kultur bilden; dann kommen der Mais und die Erdnuß, die die afrikanische Wirtschaft revolutionieren sollten, vielleicht noch bevor sie sich in der Nahrung Europas verbreiten; dann der Kakao, die Vanille, die Tomate, die Ananas, der Nelkenpfeffer, mehrere Bohnen-, Baumwoll- und Kürbisgewächsarten. Schließlich kannten und benutzten die Mayas die Null, die Grundlage der Arithmetik und, indirekt, der modernen Mathematik, mindestens ein halbes Jahrtausend vor ihrer Entdeckung durch indische Gelehrte, von denen sie durch die Araber nach Europa kam. Aus diesem Grund war ihr Kalender in der entsprechenden Zeit vielleicht genauer als der der Alten Welt. Wegen der Frage, ob das politische System der Inkas sozialistisch oder totalitär war, ist schon genug Tinte geflossen. Es gehörte jedenfalls zu den modernsten Formen und war den entsprechenden europäischen Phänomenen um mehrere Jahrhunderte voraus. Das wiederholte Interesse, das neuerdings das Kurare erregt hat, sollte daran erinnern, wenn das noch nötig ist, daß die wissenschaftlichen Kenntnisse der Eingeborenen Amerikas über so viele in der übrigen Welt unbenutzte pflanzliche Substanzen uns immer noch wichtige Beiträge liefern können.

6. Stationäre und kumulative Geschichte

Diese Erörterung des amerikanischen Beispiels soll uns in unserem Nachdenken über den Unterschied zwischen »stationärer Geschichte« und »kumulativer Geschichte« weiterbringen. Wenn wir nun Amerika das Privileg der kumulativen Geschichte zuerkannt haben, tun wir das dann nicht nur, weil wir ihm die Vaterschaft einer Reihe von Beiträgen zuschreiben, die wir von ihm übernommen haben oder die unseren eigenen ähneln? Wie verhalten wir uns aber gegenüber einer Zivilisation, die eigene Werte hervorgebracht hat, von denen keiner die Zivilisation des Beobachters interessieren könnte? Sähe sich dieser dann nicht veranlaßt, eine solche Zivilisation als stationär zu bezeichnen? Anders gesagt, hängt die Unterscheidung zweier Arten von Geschichte von dem inneren Wesen der Kulturen ab, auf die sie sich bezieht, oder ergibt sie sich nicht vielmehr aus dem ethnozentrischen Standpunkt, auf den wir uns immer stellen, wenn wir eine andere Kultur beurteilen? Wir betrachten danach jede Kultur als kumulativ, die sich in der gleichen Richtung wie unsere eigene entwickelt, deren Entwicklung für uns also eine *Bedeutung* hat, während die anderen Kulturen uns als stationär erscheinen, nicht immer weil sie es tatsächlich sind, sondern weil ihre Entwicklungskurve für uns nichts bedeutet, nicht mit den Begriffen unseres eigenen Bezugssystems meßbar ist.

Daß dem so ist, ergibt sich schon aus einer summarischen Untersuchung der Umstände, unter denen wir die Unterscheidung der beiden Arten von Geschichte treffen, und zwar nicht zur Kennzeichnung anderer Gesellschaften, sondern innerhalb unserer eigenen Gesellschaft. Eine solche Unterscheidung wird nämlich öfter getroffen, als man glaubt. Alte Leute betrachten die Geschichte, die sich während ihres Alters abspielt, im allgemeinen als stationär im Gegensatz zur kumulativen Geschichte, deren Zeuge sie in ihren jungen Jahren waren. Eine Epoche, an der sie nicht mehr aktiv teilhaben, in der sie keine Rolle mehr spielen, hat keinen Sinn mehr. Es passiert nichts, oder, was passiert, hat in ihren Augen negative Merkmale, während ihre Enkel diese Epoche mit der ganzen Anteilnahme erleben, die die Älteren schon aufgegeben haben. Die Gegner eines politischen Regimes geben nicht gerne zu, daß sich dieses entwickelt; sie verurteilen es en bloc, verweisen es aus der Geschichte als eine Art monströsen Zwischenakts, nach dessen Ende das Leben erst wieder weitergeht. Ganz anders sehen es die Parteigänger, und zwar um so mehr, je mehr sie intensiv und auf einer höheren Stufe an seinem Funktionieren Anteil haben. Die Geschichtlichkeit oder, besser noch, der *Ereignisreichtum* einer Kultur oder eines kulturellen Prozesses, ist also eine Funktion, nicht ihrer objektiven Eigenschaften, sondern des Standorts, an dem wir uns ihnen gegenüber befinden, und der Zahl und Verschiedenheiten der Interessen, die wir mit ihnen verknüpfen.

Der Gegensatz zwischen progressiven und unbeweglichen Kulturen scheint sich also zunächst aus einer unterschiedlichen Scharfeinstellung zu ergeben. Für den Beobachter am Mikroskop, der sich auf einen bestimmten meßbaren Abstand von seinem Objekt eingestellt hat, erscheinen die Körper diesseits oder jenseits dieses Abstands, und sei es nur um einige Hundertstel Millimeter, unklar und verschwommen, oder er sieht sie sogar überhaupt nicht: er sieht über sie hinweg. Ein anderer Vergleich verdeutlicht die gleiche Täuschung. Mit diesem Vergleich erklärt man meist die ersten Bruchstücke der Relativitätstheorie. Um zu zeigen, daß Ausmaß und Geschwindigkeit bei der Fortbewegung von Körpern keine absoluten Werte, sondern Funktionen des Standorts des Beobachters sind, erinnert man daran, daß für einen Reisenden, der am Fenster eines Zuges sitzt, Geschwindigkeit und Länge der anderen Züge variieren, je nachdem, ob diese sich in der gleichen oder in entgegengesetzter Richtung fortbewegen. Ebenso bewegt sich auch jedes Mitglied einer Kultur innerhalb dieser mit, wie der gedachte Reisende in seinem Zug sich mitbewegt. Denn von Geburt an infiltriert uns unsere Umgebung durch Tausende von bewußten und unbewußten Vorgängen mit einem komplizierten Bezugssystem aus Werturteilen, Motivationen, Interessenzentren, einschließlich der reflexiven Auffassung, die uns die Erziehung von der historischen Entwicklung unserer Zivilisation einpflanzt, ohne die letztere undenkbar würde oder im Widerspruch zu den tatsächlichen Verhaltensweisen erschiene. Wir bewegen uns buchstäblich mit diesem Bezugssystem, und die kulturellen Phänomene außerhalb unserer Kultur sind nicht beobachtbar ohne die Deformationen, die letztere an ihnen vornimmt, wenn sie uns nicht sogar unfähig macht, überhaupt irgend etwas von jenen wahrzunehmen.

In einem sehr großen Maße erklärt sich der Gegensatz zwischen den Kulturen, die sich bewegen, und denen, die sich nicht bewegen, durch den gleichen Standortwechsel, der bewirkt, daß sich für unseren Reisenden ein fahrender Zug bewegt oder nicht bewegt, allerdings mit einem Unterschied, dessen Wichtigkeit an dem Tage evident sein wird – den wir schon von ferne herankommen sehen –, an dem man versuchen wird, eine allgemeine Relativitätstheorie aufzustellen, und zwar nicht nach der Art Einsteins, das heißt eine Theorie, die sowohl in den Natur- als auch in den Sozialwissenschaften anwendbar ist: in beiden scheint nämlich alles symmetrisch zu verlaufen, aber in umgekehrter Richtung. Für den Beobachter der physikalischen Welt erscheinen (wie das Beispiel des Reisenden zeigt) die Systeme, die sich in der gleichen Richtung bewegen wie das eigene, als immobil, während die schnellsten diejenigen sind, die sich in andere Richtungen bewegen. Bei den Kulturen ist es genau umgekehrt, weil diese uns um so aktiver erscheinen, je mehr sie sich in der gleichen Richtung wie unsere eigene entwickeln, und stationär, wenn ihre Entwicklungsrichtung von der unseren abweicht. Aber in den Humanwissenschaften hat der Faktor *Geschwindig-*

keit natürlich nur einen metaphorischen Wert. Um einen Vergleich möglich zu machen, muß er durch den Faktor *Information* und *Bedeutung* ersetzt werden. Wir wissen, daß man viel mehr Informationen über einen sich parallel zu uns mit ähnlicher Geschwindigkeit fortbewegenden Zug sammeln kann (zum Beispiel die sichtbaren Reisenden zählen) als über einen Zug, der in großer Geschwindigkeit an uns vorbeifährt oder an dem wir vorbeifahren, oder der uns um so kürzer erscheint, als er sich in eine andere Richtung fortbewegt. Im äußersten Fall fährt er so schnell an uns vorbei, daß wir nur einen verschwommenen Eindruck von ihm erhalten, in dem nicht einmal Zeichen der Geschwindigkeit aufgenommen werden; er reduziert sich auf eine vorübergehende Störung des Gesichtsfeldes: das ist gar kein Zug mehr, er *bedeutet* nichts mehr. Es scheint also eine Relation zu bestehen zwischen dem physikalischen Begriff einer *scheinbaren Bewegung* und einem zweiten Begriff, mit dem sowohl in der Physik, als auch in der Psychologie und der Soziologie gearbeitet wird, dem Begriff der *Informationsmenge*, die zwischen zwei Individuen oder Gruppen »hin und her wechseln« kann in bezug auf die mehr oder weniger große Verschiedenheit ihrer jeweiligen Kulturen.

Immer, wenn wir eine Kultur als inert oder stationär qualifizieren, müssen wir uns also fragen, ob dieser scheinbare Immobilismus nicht von unserer Unkenntnis ihrer tatsächlichen, bewußten oder unbewußten, Interessen herrührt und ob diese Kultur, da sie andere Kriterien als unsere eigene hat, nicht uns gegenüber der gleichen Täuschung unterliegt. Anders gesagt, wir erscheinen einander als uninteressant, ganz einfach, weil wir uns nicht ähneln.

Die westliche Zivilisation hat sich seit zwei oder drei Jahrhunderten ganz darauf konzentriert, dem Menschen immer wirksamere mechanische Mittel zur Verfügung zu stellen. Nach diesem Kriterium ist die verfügbare Energiemenge pro Kopf der Bevölkerung Ausdruck der mehr oder weniger hohen Entwicklungsstufe der menschlichen Gesellschaften. Die westliche Zivilisation steht dabei in Form der nordamerikanischen an der Spitze, gefolgt von den europäischen Gesellschaften, die einen ganzen Block von bald ununterscheidbaren asiatischen und afrikanischen Gesellschaften hinter sich herziehen. Diese Hunderte oder sogar Tausende von sogenannten »unterentwickelten« und »primitiven« Gesellschaften, die unter diesem Gesichtspunkt zu einem verschwommenen Ganzen werden (obwohl sie sich auf diese Weise kaum qualifizieren lassen, weil eine solche Entwicklungslinie bei ihnen fehlt oder nur eine sekundäre Rolle spielt), sind dennoch nicht miteinander identisch. Unter anderen Gesichtspunkten verhalten sie sich zueinander wie Antipoden. Je nach dem eingenommenen Gesichtspunkt dürfte man also zu ganz verschiedenen Klassifizierungen kommen.

Ist das Kriterium der Grad der Fähigkeit, mit den ungünstigsten geographischen Umweltbedingungen fertig zu werden, dann dürften zweifellos auf der einen

Seite die Eskimos, auf der anderen Seite die Beduinen die Palme davontragen. Indien dagegen hat es besser als jede andere Zivilisation verstanden, ein philosophisch-religiöses System zu entwickeln, und China eine Lebensweise, die in der Lage ist, die psychologischen Folgen eines demographischen Ungleichgewichts zu verringern. Vor dreizehn Jahrhunderten hat der Islam bereits eine Theorie des Zusammenhangs aller Lebensformen aufgestellt, der technischen, ökonomischen, sozialen und geistigen, die der Westen mit einigen Aspekten des Marxismus und der Entstehung der modernen Ethnologie erst kürzlich wieder entwickelt hat. Es ist bekannt, welchen hervorragenden Platz diese prophetische Vision den Arabern im geistigen Leben des Mittelalters verschafft hat. Der Westen, obzwar Meister der Maschinen, hat doch nur sehr elementare Kenntnisse von der Verwendung und den Kraftquellen jener am höchsten entwickelten Maschine, die der menschliche Körper darstellt. Auf diesem und auf dem angrenzenden Gebiet des Verhältnisses zwischen Körper und Psyche ist der Osten und der Ferne Osten dem Westen um mehrere Jahrtausende voraus; sie haben jene umfassenden theoretischen und praktischen Summae des indischen Joga, der chinesischen Atemtechniken und der Organgymnastik der alten Maoris hervorgebracht. Der erdelose Pflanzenbau, der seit kurzem auf der Tagesordnung steht, wurde jahrhundertelang von bestimmten polynesischen Völkern praktiziert, von denen die übrige Welt auch die Kunst der Navigation hätte erlernen können und die im 18. Jahrhundert den Westen in große Aufregung versetzten, als bekannt wurde, daß ihre soziale und moralische Lebensweise freier und großzügiger war als alles, was man sich je hätte träumen lassen.

In allem, was die Familienorganisation und die Harmonisierung der Beziehungen zwischen Familiengruppe und sozialer Gruppe angeht, nehmen die ökonomisch rückständigen Australiden einen gegenüber der übrigen Menschheit so fortgeschrittenen Platz ein, daß man zum Verständnis der bewußt und reflektiert von ihnen entwickelten Regelsysteme die raffiniertesten Formen der modernen Mathematik heranziehen muß. Sie haben zum Beispiel entdeckt, daß die Heiratsverbindungen das Schema sind, zu dem die anderen sozialen Einrichtungen nur das Rankenwerk bilden. Denn selbst in den modernen Gesellschaften, wo die Rolle der Familie sich verringert, ist die Intensität der Familienbande nicht weniger groß: sie beschränken sich lediglich auf einen engeren Kreis, an dessen Peripherie andere Bande, die andere Familien miteinbeziehen, jene ersten alsbald ersetzen. Die Verflechtung von Familien mit Hilfe von Heiratsverbindungen kann zur Entstehung enger Verbindungen zwischen einigen Gruppen oder loser Verbindungen zwischen sehr zahlreichen Gruppen führen, aber ob eng oder lose, diese Verbindungen halten den ganzen Sozialkörper zusammen und geben ihm seine Elastizität. Mit erstaunlicher Intelligenz haben die Australiden die Theorie dieses Mechanismus entwickelt und eine Bestandsaufnahme der wichtigsten Methoden seines Funktionierens gemacht mit allen Vorzügen und Nachteilen jeder dieser Methoden. Damit haben sie die Stufe der empirischen Beobachtung überschritten und sind zur Erkenntnis der mathematischen Gesetze dieses Systems übergegangen, so daß es keineswegs übertrieben ist, in ihnen nicht nur die Begründer der allgemeinen Soziologie zu begrüßen, sondern auch diejenigen, die als erste das Maß in die Sozialwissenschaften eingeführt haben.

Der Reichtum und die Kühnheit in den ästhetischen Erfindungen der Melanesier, ihre Gabe, noch die dunkelsten Produkte der unbewußten Aktivität des Geistes in das soziale Leben einzubeziehen, bilden einen der höchsten Gipfel, den die Menschen in dieser Richtung erreicht haben. Der Beitrag Afrikas ist komplexer, aber auch unaufgeklärter, denn erst neuerdings beginnt man die Wichtigkeit seiner Rolle als kultureller Schmelztiegel der Alten Welt zu ahnen, als ein Ort, wo alle Einflüsse miteinander verschmolzen und entweder wieder zurückwirkten oder aufbewahrt wurden, jedoch immer in veränderter Gestalt mit neuen Bedeutungen. Die ägyptische Zivilisation, deren wichtige Rolle für die Menschheit bekannt ist, ist nur als ein Gemeinschaftswerk Asiens und Afrikas verständlich, und die großen politischen Systeme des alten Afrika, seine juristischen Konstruktionen, seine dem Westen lange verborgen gebliebenen philosophischen Lehren, seine plastischen Künste und seine Musik, in denen methodisch alle Möglichkeiten jedes Ausdrucksmittels erforscht werden, sind ebenso viele

Indizien einer außerordentlich fruchtbaren Vergangenheit. Diese ist übrigens direkt bezeugt durch die Perfektion der frühen Bronze- und Elfenbeinbearbeitungstechniken, die bei weitem alles übertreffen, was in Europa zur gleichen Zeit praktiziert wurde. Den amerikanischen Beitrag haben wir schon erwähnt, so daß wir hier nicht noch einmal darauf zurückkommen müssen.

Außerdem sind es nicht so sehr diese stückweisen Beiträge, die unsere Aufmerksamkeit verdienen, denn das könnte in uns die doppelt falsche Vorstellung von einer wie ein Harlekinsgewand zusammengeflickten Weltzivilisation entstehen lassen. Man hat schon zu viel Aufhebens davon gemacht, wem jeweils das Verdienst einer Ersterfindung zukommt: den Phöniziern für die Schrift; den Chinesen für das Papier, das Schießpulver, den Kompaß; den Indern für das Glas und den Stahl. Diese Beiträge sind weniger wichtig als die Art, wie jede Kultur sie einordnet, aufnimmt oder ausschließt. Und die Originalität jeder Kultur beruht vielmehr auf ihrer besonderen Weise, Probleme zu lösen und Werte herauszustellen, die für alle Menschen annähernd die gleichen sind: denn alle Menschen ohne Ausnahme besitzen eine Sprache, Techniken, eine Kunst, Kenntnisse wissenschaftlicher Art, religiöse Vorstellungen und eine soziale, ökonomische und politische Organisation. Das Mischungsverhältnis ist jedoch in jeder Kultur nicht ganz das gleiche, und die moderne Ethnologie bemüht sich in wachsendem Maße weit mehr, die verborgenen Ursprünge dieser

Optionen aufzudecken als eine Bestandsaufnahme einzelner Wesenszüge zu machen.

Gegen eine solche Argumentation ließe sich vielleicht ihr theoretischer Charakter einwenden. Rein logisch, könnte man sagen, ist denkbar, daß jede Kultur unfähig ist, eine andere Kultur richtig zu beurteilen, weil eine Kultur nicht aus sich herauskann und ihre Urteile demnach in einem unüberwindlichen Relativismus befangen bleiben. Aber man sehe sich nur um, man beobachte nur, was seit einem Jahrhundert in der Welt passiert, und man wird merken, daß all diese Spekulationen hinfällig werden. Weit davon entfernt, sich gegeneinander abzukapseln, erkennen vielmehr alle Zivilisationen nach und nach die Überlegenheit der westlichen Zivilisation an. Erleben wir nicht, wie die gesamte Welt fortschreitend ihre Techniken, ihre Lebensweise, ihre Zerstreuungen, ja sogar ihre Kleidung übernimmt? Wie Diogenes die Bewegung durch Gehen bewies, so beweist die Entwicklung der Kulturen von den riesigen Völkermassen Asiens bis zu den verlorenen Stämmen im brasilianischen oder afrikanischen Urwald durch eine einhellige, in der Geschichte noch nie dagewesene Option für die westliche Zivilisation, daß diese allen anderen Zivilisationsformen überlegen ist: die »unterentwickelten« Länder werfen den anderen in den internationalen Gremien ja nicht vor, daß sie sie verwestlichen, sondern daß sie ihnen nicht schnell genug die Mittel zur Verwestlichung geben.

Wir berühren hier den empfindlichsten Punkt unserer Darlegung: Es wäre also sinnlos, die Eigenständigkeit der Kulturen gegen sie selbst zu verteidigen. Außerdem ist es für einen Ethnologen außerordentlich schwierig, ein Phänomen wie die Universalisierung der westlichen Zivilisation richtig einzuschätzen, und zwar aus mehreren Gründen. Erstens ist das Vorhandensein einer Weltzivilisation ein Faktum, das wahrscheinlich in der Geschichte einmalig ist oder dessen Vorläufer in einer fernen Vorgeschichte zu suchen wären, über die wir so gut wie nichts wissen. Zweitens herrscht über die Dauerhaftigkeit dieses Phänomens große Ungewißheit. Tatsache ist, daß seit anderthalb Jahrhunderten die westliche Zivilisation den Trend hat, sich, entweder total oder mit einigen ihrer Hauptbestandteile wie der Industrialisierung, auf die ganze Welt auszubreiten. Und insoweit die anderen Kulturen etwas von ihrem traditionellen Erbe zu erhalten versuchen, beschränkt sich dieser Versuch im allgemeinen auf den Überbau, das heißt, auf die anfälligsten Bestandteile, von denen man annehmen kann, daß sie durch die tiefgreifenden Veränderungen, die sich vollziehen, weggefegt werden. Aber das Phänomen ist im Gang, und wir kennen noch nicht die Ergebnisse. Wird es auf eine vollständige Verwestlichung des Erdballs mit einigen Varianten, der russischen oder der amerikanischen, hinauslaufen? Oder werden synkretistische Formen auftauchen, deren Möglichkeit sich in der islamischen Welt, in Indien oder China andeutet? Oder hat der Sog in diese eine Richtung schon seinen Höhepunkt erreicht und läuft wieder zurück, weil die westliche Welt, wie jene prähistorischen Riesentiere, einer physischen Expansion erliegt, die mit den inneren Mechanismen ihrer Existenz unvereinbar ist? Unter Berücksichtigung all dieser Vorbehalte wollen wir versuchen, den Prozeß einzuschätzen, der sich vor unseren Augen abspielt und dessen Akteure, Förderer oder Opfer wir bewußt oder unbewußt sind.

Zunächst ist darauf hinzuweisen, daß diese Option für die westliche Lebensweise oder einige ihrer Bestandteile weit davon entfernt ist, so spontan zu sein, wie der Westen es gerne annimmt. Sie ist weniger das Ergebnis einer freien Entscheidung als des Fehlens anderer Möglichkeiten. Die westliche Zivilisation hat in der ganzen Welt ihre Soldaten, Niederlassungen, Plantagen und Missionare etabliert; sie hat, direkt oder indirekt, in das Leben der farbigen Völker eingegriffen; sie hat ihre traditionelle Lebensweise von Grund auf umgewälzt, indem sie entweder ihre eigne durchsetzte oder Verhältnisse schuf, unter denen sich die vorhandenen Strukturen auflösten, ohne daß sie durch andere ersetzt wurden. Die unterjochten oder desorganisierten Völker hatten also keine andere Wahl, als die Ersatzlösungen, die man ihnen bot, zu akzeptieren oder, wenn sie dazu nicht bereit waren, darauf zu hoffen, daß sie sich ihnen so weit anpassen könnten, um sie mit ihren eignen Waffen schlagen zu können. Fehlt eine solche Ungleichheit im Kräfteverhältnis, so geben sich die Gesellschaften nicht so leicht selbst auf. Ihre Weltanschauung ähnelt sonst eher der jener armen

Stämme Ostbrasiliens, unter denen zu leben es dem Ethnographen Curt Nimuendaju gelungen war und deren Mitglieder jedesmal, wenn er nach einem Aufenthalt in den Zivilisationszentren wieder zu ihnen zurückkehrte, vor Mitleid schluchzten bei dem Gedanken an die Leiden, die er erlitten haben mußte so weit entfernt von dem einzigen Ort – ihrem Dorf –, an dem zu leben ihnen lebenswert erschien.

Durch diese Einschränkung haben wir die Frage jedoch nur verlagert. Wenn es nicht die freiwillige Zustimmung ist, die die westliche Überlegenheit begründet, ist es dann nicht jene größere Energie, über die sie verfügt und die es ihr eben gerade ermöglicht hat, diese Zustimmung zu erzwingen? Genau das ist der Kern. Denn jenes ungleiche Kräfteverhältnis gehört nicht in den Bereich der kollektiven Subjektivität wie die Fälle einer Option, die wir oben erwähnten. Es ist ein objektives Phänomen, das nur die Nennung der objektiven Ursachen erklären kann.

Wir wollen hier keine Kulturphilosophie betreiben, über das Wesen der von der westlichen Zivilisation vertretenen Werte kann man ganze Bände schreiben. Wir greifen nur die offensichtlichsten auf, die am wenigsten bestritten werden. Sie reduzieren sich, wie mir scheint, auf zwei: die westliche Zivilisation strebt – nach Leslie White – danach, einerseits die Energiemenge pro Kopf der Bevölkerung ständig zu vergrößern, andrerseits das menschliche Leben zu schützen und zu verlängern, und etwas verkürzt kann man sagen, der zweite Aspekt ist eine Modalität des ersten, da ja die vorhandene Energiemenge absolut zunimmt mit der Dauer und dem Interesse der individuellen Existenz. Ebenso wird man, wieder etwas verkürzt, ohne weiteres zugeben können, daß diese Merkmale von kompensatorischen, gewissermaßen bremsenden Erscheinungen begleitet sein können wie die großen Massaker, die die Weltkriege darstellen, und die Ungleichheit bei der Aufteilung der verfügbaren Energie zwischen den Individuen und Klassen.

Danach wird man als nächstes feststellen, daß sich die westliche Zivilisation diesen Aufgaben zwar mit einer Ausschließlichkeit gewidmet hat, in der vielleicht ihre Schwäche liegt, aber daß sie damit nicht allein steht. Alle Gesellschaften, angefangen von den allerfrühesten, haben sich in dieser Weise verhalten, und gerade die sehr weit zurückliegenden, ganz archaischen Gesellschaften, die wir gerne mit den »wilden« Völkern der Gegenwart gleichsetzen, haben auf diesem Gebiet die entscheidendsten Fortschritte gemacht. Auch heute noch bilden diese den größten Teil von dem, was wir Zivilisation nennen. Wir leben immer noch von den ungeheuren Entdeckungen dessen, was man ohne jede Übertreibung die neolithische Revolution nennt: Ackerbau, Viehzucht, Töpferei, Weberei. All diese »Zivilisationstechniken« haben wir seit 8000 oder 10000 Jahren nur perfektionieren können.
Bestimmte Geister haben nun aber die mißliche Neigung, nur den jüngsten Entdeckungen das Verdienst von Anstrengung, Intelligenz und Phantasie zuzuer-

kennen, während jene, die von der Menschheit in ihrer »barbarischen« Periode gemacht worden sind, nur das Ergebnis des Zufalls sein sollen und ihnen daher kaum ein Verdienst zukommt. Diese irrige Auffassung erscheint uns so schwerwiegend und weit verbreitet und so sehr geeignet, eine exaktere Erkenntnis des Verhältnisses zwischen den Kulturen zu verhindern, daß wir es für unentbehrlich halten, sie ausführlich zu widerlegen.

8. *Zufall und Zivilisation*

Man liest in ethnologischen Abhandlungen – und zwar nicht in den schlechtesten – oft, der Mensch verdanke die Kenntnis des Feuers dem Zufall des Blitzes oder eines Waldbrandes; der Fund eines auf diese Weise zufällig gebratenenen Wildes habe ihn auf das Kochen der Nahrungsmittel gebracht, die Erfindung der Töpferei resultiere aus dem Vergessen eines Tonkügelchens in der Nähe eines Feuers. Danach hätte der Mensch anfangs in einer Art technologisch goldenem Zeitalter gelebt, in dem man Erfindungen ebenso leicht pflücken konnte wie Obst und Blumen. Erst dem modernen Menschen wären die Anstrengungen mühseliger Arbeit und die Erleuchtungen des Genies vorbehalten.

Diese naive Auffassung rührt von einer vollständigen Unkenntnis der Kompliziertheit und Differenziertheit der für die elementarsten Techniken erforderlichen Operationen her. Zur Herstellung eines verwendungsfähigen Werkzeugs aus zugeschlagenem Stein genügt es nicht, daß man solange auf einen Stein schlägt, bis er zersplittert: das hat man gemerkt, als man versucht hat, die hauptsächlichsten prähistorischen Werkzeugtypen zu reproduzieren. Bei dieser Gelegenheit – und ebenso bei der Beobachtung der gleichen Technik bei den Eingeborenen, die sie noch heute beherrschen – hat man die Kompliziertheit der dazu unentbehrlichen Vorkehrungen entdeckt, die manchmal bis zur vorherigen Herstellung regelrechter »Zuschlagungsapparate« gehen: Hämmer mit Gegengewicht zur Kontrolle des Anschlags und seiner Richtung, Stoßdämpfer zur Vermeidung einer Vibration, die den Steinsplitter weiter zersplittert. Außerdem sind erhebliche Kenntnisse über Fundstellen, Förderung, Widerstand und Struktur des verwendeten Materials, ein gezieltes Muskeltraining, Kenntnis der »Handgriffe« usw. nötig, mit einem Wort, eine ganze »Lithurgik«, die *mutatis mutandis,* den verschiedenen Bereichen der Metallurgie entspricht.

Natürliche Feuersbrünste können zwar manchmal Schmor- oder Brateffekte haben, aber auch hier ist schwer denkbar (außer bei vulkanischen Erscheinungen, deren geographische Verbreitung begrenzt ist), daß sie auch Siede- oder Kocheffekte durch Dampf haben. Diese Kochmethoden sind jedoch nicht weniger allgemein verbreitet als die anderen. Es besteht also gar kein Anlaß, den Akt der Erfindung, der für die letzteren Methoden erforderlich war, für die Erklärung der ersteren auszuschließen.

Die Töpferei bietet hierfür ein ausgezeichnetes Beispiel, weil nach einer sehr verbreiteten Auffassung es angeblich nichts Einfacheres gebe, als einen Tonklumpen auszuhöhlen und am Feuer zu verfestigen. Man versuche es einmal. Zunächst muß man nämlich Tonsorten finden, die zum Brennen geeignet sind, und wenn eine große Anzahl natürlicher Bedingungen dazu erforderlich sind, so reicht doch keine davon aus, denn kein Ton, dem nicht ein inertes Material beigemischt wird, das hinsichtlich seiner besonderen Eigenschaft ausgewählt ist, würde nach dem Brand ein brauchbares Gefäß abgeben. Dazu müssen Modellierungstechniken entwickelt werden, die jene Glanzleistung ermöglichen, daß man ein formbares Material, das nicht »stehen bleibt«, während einer nennenswerten Zeit im Gleichgewicht hält und gleichzeitig verformt; schließlich muß man das besondere Brennmaterial, die Form der Feuerstelle, den Grad der Hitze und die Dauer des Brennens herausfinden, die es fest und wasserdicht machen, unter Vermeidung aller Gefahren des Zerbrechens, Zersplitterns und Sichverformens. Dieses Beispiel ließe sich um viele andere ergänzen.

All diese Operationen sind viel zu zahlreich und viel zu kompliziert, als daß man sie mit dem Zufall erklären könnte. Isoliert genommen erbringt jede von ihnen nichts, nur ihre ausgedachte, gewollte, gesuchte und durchexperimentierte Kombination führt zum Erfolg. Sicher spielt auch der Zufall dabei eine Rolle, aber er allein ergibt noch kein Resultat. Ungefähr 2500 Jahre hat die westliche Welt das Vorhandensein der Elektrizität gekannt – die zweifellos durch Zufall entdeckt wurde –, aber dieser Zufall blieb ergebnislos bis zu den gezielten und von den Hypothesen eines Ampère und eines Faraday geleiteten Bemühungen. Bei der Erfindung des Bogens, des Bumerangs oder des Blasrohrs, der Entstehung von Landwirtschaft und Viehzucht hat der Zufall keine größere Rolle gespielt als bei der Entdeckung des Penicillins – bei der man sie übrigens kennt. Man muß also sorgfältig unterscheiden zwischen der Vermittlung einer Technik von einer Generation zur andren, die dank der Beobachtung und täglichen Übung immer relativ leicht vor sich geht, und der Erfindung oder Verbesserung von Techniken innerhalb jeder Generation. Letztere setzen immer die gleiche imaginative Potenz und die gleichen verbissenen Anstrengungen einiger Individuen voraus, ganz gleich um welche besondere Technik es jeweils geht. Die Gesellschaften, die wir primitiv nennen, haben ebenso ihren Pasteur oder Palissy wie die anderen.

Wir werden gleich auf die Phänomene Zufall und Wahrscheinlichkeit stoßen, aber an anderer Stelle in einer anderen Rolle. Wir ziehen sie nicht heran, um uns die Erklärung von Erfindungen leichtzumachen, sondern um eine Erscheinung zu interpretieren, die auf einer anderen Realitätsebene liegt: nämlich, daß trotz einer bestimmten Dosis von Phantasie, Erfindungsgeist und schöpferischer Anstrengung, von der wir annehmen können, daß sie während der ganzen Menschheitsgeschichte ungefähr konstant bleibt, diese Kombination nur in bestimmten Perioden und an bestimmten Orten zu wichtigen kulturellen Mutationen führt. Denn dazu sind die rein psychologischen Faktoren nicht ausreichend: sie müssen zunächst mit einer ähnlichen Orientierung bei einer genügenden Anzahl von Individuen vorhanden sein, damit der Erfinder sofort einer Anhängerschaft sicher sein kann.

Und diese Bedingung hängt selbst wieder von dem Zusammentreffen einer ganzen Anzahl anderer Faktoren historischer, ökonomischer und soziologischer Art ab. Zur Erklärung der Unterschiede im Verlauf der Zivilisationen müßte man also ganze Bündel von Ursachen heranziehen, die so komplex und verschiedenartig sind, daß sie unerkennbar wären, sowohl aus praktischen als auch sogar aus theoretischen Gründen, wie zum Beispiel das bei allen Beobachtungstechniken unvermeidliche Auftreten von Störungen. Um ein Knäuel von so zahlreichen und dünnen Fäden entwirren zu können, müßte man nämlich die betrachtete Gesellschaft (und die sie umgebende Welt) einer jeden Augenblick berücksichtigenden ethnographischen Globalstudie unterziehen. Abgesehen von dem riesigen Umfang eines solchen Unternehmens sind die Ethnographen, die immerhin in einer unendlich viel kleineren Größenordnung arbeiten, bekanntlich oft in ihren Beobachtungen durch die subtilen Veränderungen behindert, die schon durch ihre Anwesenheit in der Gruppe hervorgerufen werden, die Gegenstand ihrer Untersuchung ist. Auch die Meinungsumfragen in den modernen Gesellschaften, die eines der wirksamsten Sondierungsmittel sind, modifizieren ja eben diese Meinung allein durch ihre Anwendung, weil diese den Faktor einer Selbstreflexion in die Öffentlichkeit einführt, der bis dahin fehlte.

Dieser Tatbestand rechtfertigt die Einführung des Wahrscheinlichkeitsbegriffs in die Sozialwissenschaften, mit dem in einigen Zweigen der Physik, wie der

Thermodynamik, schon lange gearbeitet wird. Wir kommen noch darauf zurück. Im Augenblick müssen wir uns nur in Erinnerung rufen, daß die Komplexität der modernen Entdeckungen nicht von einer größeren Häufigkeit oder einer besseren Nutzbarmachung der Genialität bei unseren Zeitgenossen herrührt. Ganz im Gegenteil, denn wir haben ja erkannt, daß im Lauf der Jahrhunderte jede Generation, um Fortschritte zu machen, dem von früheren Generationen vererbten Kapital nur eine ständige Anlage hinzuzufügen brauchte. Jenen früheren Generationen schulden wir neun Zehntel unseres Reichtums und sogar noch mehr, wenn man einmal spaßeshalber das Datum des Auftretens der wichtigsten Entdeckungen auf das annähernde Datum des Beginns der Zivilisation bezieht. Man wird dann feststellen, daß die Landwirtschaft im Laufe einer jüngeren Phase entstanden ist, die 2 % dieser Dauer entspräche; das Auftreten der Metallurgie entspräche 0,7 %, des Alphabets 0,35 %, der Galileischen Physik 0,035 % und des Darwinismus 0,009 %*. Die ganze wissenschaftliche und industrielle Revolution des Westens entspricht etwa einem halben Tausendstel des Gesamtlebens der Menschheit. Man sollte also vorsichtig sein mit der Behauptung, daß sie ihre Bedeutung total verändern werde.

Ebenso steht fest – und das ist die endgültige Formulierung, die wir unserem Problem glauben geben zu können –, daß hinsichtlich der technischen Erfindun-

*Leslie A. White, *The sciene of culture,* New York 1949.

gen (und der wissenschaftlichen Reflexion, die sie ermöglicht) die westliche Zivilisation sich als kumulativer erwiesen hat als die anderen, daß sie dem gemeinsamen neolithischen Anfangskapital Verbesserungen hat hinzufügen können (alphabetische Schrift, Arithmetik und Geometrie), von denen sie einige übrigens rasch vergessen hat, daß sie aber nach einer Stagnation von etwa 2000 oder 2500 Jahren (ungefähr vom 1. Jahrtausend vor unserer Zeitrechnung bis zum 18. Jahrhundert) sich plötzlich als der Brennpunkt einer industriellen Revolution herausgestellt hat, die an Umfang, Universalität und Folgenschwere nur in der neolithischen Revolution ein Äquivalent hat.

Zweimal in ihrer Geschichte und in einem Abstand von ungefähr 10000 Jahren hat die Menschheit also eine Menge von Erfindungen, die in die gleiche Richtung gingen, akkumulieren können, und sowohl diese Anzahl als auch diese Kontinuität haben sich in einer Zeitspanne konzentriert, die kurz genug war für das Zustandekommen hochgradiger technischer Synthesen. Diese Synthesen haben signifikante Veränderungen in den Beziehungen des Menschen zur Natur hervorgerufen und ihrerseits weitere Veränderungen möglich gemacht. Die Vorstellung von einer durch Katalysatoren ausgelösten Kettenreaktion kann diesen Prozeß illustrieren, der sich bis jetzt zweimal, und nur zweimal, in der Geschichte der Menschheit abgespielt hat. Wie hat sich das abgespielt?

Zunächst darf man nicht vergessen, daß woanders und zu anderen Zeitpunkten, aber in verschiedenen Bereichen der menschlichen Tätigkeit, sich andere Revolutionen haben abspielen können, die die gleichen kumulativen Merkmale hatten. Wir haben oben dargelegt, warum unsere eigne industrielle Revolution und die neolithische Revolution (die jener zeitlich vorausgegangen, aber von den gleichen Bestrebungen gekennzeichnet ist) die einzigen sind, die uns als solche erscheinen, weil wir sie mit unserem Bezugssystem erfassen können. Alle anderen Veränderungen, die sich mit Sicherheit vollzogen haben, sind für uns nur fragmentarisch oder völlig verzerrt erkennbar. Sie haben für den modernen westlichen Menschen *keinen Sinn* (jedenfalls nicht ihren vollen Sinn); sie können für ihn sogar so gut wie nicht existent sein.
Zweitens sollte ihn das Beispiel der neolithischen Revolution (der einzigen, die sich der moderne westliche Mensch einigermaßen vorstellen kann) zu etwas mehr Bescheidenheit veranlassen, was den Vorrang angeht, den er für eine bestimmte Rasse, ein bestimmtes Gebiet oder Land in Anspruch zu nehmen versucht sein könnte. Die industrielle Revolution ging von Westeuropa aus, griff dann auf die Vereinigten Staaten und schließlich auf Japan über; seit 1917 beschleunigt sie sich in der Sowjetunion, morgen wird sie sicher woanders auftreten; von einer Jahrhunderthälfte zur anderen strahlt sie mit mehr oder weniger großer Stärke von ihren verschiedenen Zentren aus. Was bedeuten angesichts der Jahrtausende jene Fragen der Priorität, auf die wir so stolz sind?

Innerhalb von etwa 1000 oder 2000 Jahren wurde gleichzeitig die neolithische Revolution im ägäischen Becken, in Ägypten, im Vorderen Orient, im Industal und in China ausgelöst; und seit der Anwendung des Radiokarbon-Tests bei der Bestimmung archäologischer Perioden können wir vermuten, daß das amerikanische Neolithikum viel älter ist, als man früher annahm, und nicht viel später begonnen hat als in der Alten Welt. Es ist wahrscheinlich, daß drei oder vier kleine Täler bei diesem Wettstreit eine Priorität von einigen Jahrhunderten in Anspruch nehmen können. Was wissen wir heute schon davon? Dagegen ist gewiß, daß die Prioritätsfrage keine Bedeutung hat, eben weil die Gleichzeitigkeit derselben technischen Umwälzungen (gefolgt von sozialen Umwälzungen) in so riesigen Territorien und so weit auseinanderliegenden Gebieten beweist, daß sie nicht vom Genie einer Rasse oder Kultur abhingen, sondern von Bedingungen, die so allgemein sind, daß sie außerhalb des Bewußtseins der Menschen liegen. Wir können daher sicher sein, daß die industrielle Revolution, wenn sie nicht zuerst in West- und Nordeuropa aufgetreten wäre, sich eines Tages an einem anderen Punkt der Erde abgespielt hätte. Und wenn sie sich, was wahrscheinlich ist, auf die gesamte bewohnte Erde ausdehnen sollte, so wird jede Kultur soviel spezielle Beiträge dazu liefern, daß der Historiker der zukünftigen Jahrtausende die Frage, wer die Priorität von ein oder zwei Jahrhunderten für sich in Anspruch nehmen kann, zu Recht als müßig ansehen wird.

Nachdem das geklärt ist, müssen wir eine neue Einschränkung, wenn nicht der Gültigkeit, so doch der wissenschaftlichen Strenge der Unterscheidung zwischen stationärer und kumulativer Geschichte machen. Diese Unterscheidung ist nicht nur, wie wir oben ausgeführt haben, von unseren Interessen abhängig, sondern sie kann niemals ganz klar sein. Was die technischen Erfindungen angeht, so ist sicher, daß keine Periode, keine Kultur absolut stationär ist. Alle Völker besitzen und verändern, verbessern oder vergessen Techniken, die komplex genug sind, um ihnen eine Beherrschung ihrer Umwelt zu ermöglichen. Andernfalls wären sie seit langem untergegangen. Es besteht also nicht so sehr ein Unterschied zwischen kumulativer und nicht-kumulativer Geschichte; jede Geschichte ist kumulativ, nur mit Gradunterschieden. Die alten Chinesen und die Eskimos, zum Beispiel, waren in der Mechanik schon sehr weit, und beinahe wären sie zu dem Punkt gelangt, wo eine »Kettenreaktion« den Übergang von einer Zivilisation zur anderen hervorruft. Oder denken wir an das Beispiel des Schießpulvers: die Chinesen hatten technisch schon alle diesbezüglichen Probleme gelöst außer dem seiner Einsetzung für massive Resultate. Von den alten Mexikanern behauptet man oft, daß sie das Rad nicht kannten; das ist nicht wahr, denn sie stellten Tiere auf Rollen für Kinder her; bis zum Wagen bedurfte es nur noch eines weiteren Schrittes.

Das Problem der (für jedes Bezugssystem) relativen Seltenheit »kumulativerer« gegenüber »weniger kumulativen« Kulturen reduziert sich also auf ein bekanntes Problem der Wahrscheinlichkeitsrechnung: nämlich die Bestimmung der relativen Wahrscheinlichkeit einer komplizierten Kombination gegenüber anderen gleichartigen, aber weniger komplizierten Kombinationen. Beim Roulettespiel, zum Beispiel, kommt eine Folge von zwei aufeinanderfolgenden Zahlen ziemlich häufig vor (7 und 8, 12 und 13, 30 und 31); eine Folge von drei aufeinanderfolgenden Zahlen ist schon selten und eine von vier noch seltener. Und nur einmal bei einer äußerst hohen Anzahl von Spielen entsteht vielleicht eine Reihe von sechs, sieben oder acht aufeinanderfolgenden Zahlen. Wenn wir unsere Aufmerksamkeit ausschließlich auf lange Reihen konzentrieren (zum Beispiel, wenn wir auf Reihen von fünf aufeinanderfolgenden Zahlen setzen), dann erscheinen uns die kürzeren Reihen als ungeordnet. Dabei vergessen wir, daß sie sich von unsren Reihen nur durch den Wert eines Ausschnitts unterscheiden und von einem anderen Gesichtspunkt aus betrachtet vielleicht eine ebenso große Regelmäßigkeit enthalten. Gehen wir in unserem Vergleich noch weiter. Ein Spieler, der alle seine Gewinne auf immer längere Reihen übertrüge, könnte nach Tausenden oder Millionen von Spielen die Hoffnung verlieren, jemals eine Reihe von neun aufeinanderfolgenden Zahlen zu sehen, und zu dem Schluß kommen, daß es besser gewesen wäre, früher aufzuhören. Dennoch kann ein anderer Spieler, der nach der gleichen Regel, aber auf Reihen anderer Art setzt (zum Beispiel einen bestimmten Wechsel von Rot und Schwarz oder gerade und ungerade), ebendort signifikante Kombinationen erkennen, wo der erste Spieler nur Unordnung wahrnimmt. Die Menschheit entwickelt sich nicht in einer Richtung. Und wenn sie auf einer bestimmten Ebene stationär oder gar regressiv zu sein scheint, so bedeutet das nicht, daß sie von einem andren Gesichtspunkt aus nicht der Ausgangspunkt wichtiger Veränderungen ist.

David Hume hat sich einmal damit beschäftigt, ein Scheinproblem aufzuheben, das sich viele Menschen stellen, nämlich warum nicht alle Frauen hübsch sind, sondern nur eine kleine Minderheit. Er konnte mühelos nachweisen, daß diese Frage keinen Sinn hat. Wenn alle Frauen wenigstens so hübsch wie die schönste wären, würden wir sie banal finden und würden unsere Wertschätzung der kleinen Minderheit vorbehalten, die vom gemeinsamen Modell abwiche. Ebenso ist es, wenn wir an einem bestimmten Fortschrittstyp interessiert sind, weil wir auch dann nur den Kulturen ein Verdienst zuerkennen, die diesen Fortschritt im höchsten Maße verwirklichen, und den anderen gegenüber gleichgültig bleiben. Fortschritt ist also niemals etwas anderes als ein maximales Fortschreiten in einer von den Vorlieben eines jeden vorausbestimmten Richtung.

9. Das Zusammenwirken der Kulturen

Wir müssen schließlich unser Problem unter einem letzten Gesichtspunkt betrachten. Ein Spieler wie der, von dem in den vorigen Abschnitten die Rede gewesen ist, der immer nur auf die längsten Reihen setzte (welche er sich auch immer denkt), liefe große Gefahr, sich zu ruinieren. Das gilt jedoch nicht für eine Koalition von Spielern, die auf die an absolutem Wert gleichen Reihen setzten, aber an mehreren Roulettetischen, und sich das Privileg vorbehielten, die für die Kombinationen eines jeden günstigen Ergebnisse zusammenzulegen. Wenn ich zum Beispiel allein mit 21 und 22 gewonnen habe und nun zur Fortsetzung meiner Reihe die 23 brauche, so besteht eindeutig eine größere Chance, daß sie bei zehn Tischen erscheint als bei einem einzigen.

Diese Situation ähnelt der der Kulturen, denen es gelungen ist, die kumulativsten Geschichtsformen hervorzubringen. Diese extremen Formen sind nie das Resultat isolierter Kulturen gewesen, sondern immer die Sache von Kulturen, die willentlich oder unwillentlich ihre verschiedenen Spiele miteinander kombiniert und durch verschiedene Mittel (Wanderungen, Übernahmen, Handelsbeziehungen, Kriege) jene *Koalitionen* hervorgebracht haben, deren Modell wir uns gerade vorzustellen versuchten. Genau an diesem Punkt wird die Absurdität greifbar, die darin besteht, eine Kultur als der anderen überlegen zu erklären.

Denn insofern eine Kultur allein ist, kann sie niemals »überlegen« sein. Wie dem isolierten Spieler werden ihr immer nur kurze Reihen einiger Bestandteile gelingen, und die Wahrscheinlichkeit, daß sie in ihrer Geschichte eine lange Reihe »gewinnt«, ist (ohne theoretisch ausgeschlossen zu sein) so gering, daß eine unendlich viel längere Zeit nötig wäre, als die gesamte Entwicklung der Menschheit dauert, damit man hoffen könnte, daß sich eine solche Chance ergibt. Aber – wir haben es oben gesagt – keine Kultur ist allein; jede Kultur tritt immer in Koalition mit anderen Kulturen auf, und nur das ermöglicht ihr kumulative Reihen. Die Wahrscheinlichkeit für das Auftreten einer langen Reihe hängt natürlich von Reichweite, Dauer und Variabilität des Koalitionssystems ab. Daraus ergeben sich weitere Folgerungen.

Im Laufe dieser Untersuchung haben wir uns mehrfach gefragt, wie es kommt, daß die Menschheit während neun Zehntel ihrer Geschichte stationär geblieben ist, ja mehr noch, daß die ersten Zivilisationen 200 000 bis 500 000 Jahre alt sind und sich die Lebensbedingungen erst im Laufe der letzten 10 000 Jahre verändern. Wenn unsere Analyse stimmt, so kann der Grund dafür nicht sein, daß der paläolithische Mensch weniger intelligent, weniger begabt war als sein neolithischer Nachfahre, sondern ganz einfach, daß in der Menschheitsgeschichte eine Kombination vom Grad *n* eine Zeitdauer *t* gebraucht hat, bis sie entstand; sie hätte auch sehr viel früher oder sehr viel später zustande kommen können. Diese Tatsache hat ebensowenig Bedeutung wie die Anzahl der Spiele, die ein Spieler abwarten muß, bis sich eine bestimmte Kombination ergibt: Diese Kombination wird beim ersten Schlag, beim tausendsten, beim millionsten oder gar nicht entstehen können. Aber während dieser ganzen Zeit hört die Menschheit, wie der Spieler, nicht auf zu spekulieren. Ohne es immer zu wollen und ohne sich dessen genau bewußt zu sein, »stürzt sie sich in kulturelle Geschäfte«, in »zivilisatorische Spekulationen«, die alle von unterschiedlichem Erfolg gekrönt sind. Manchmal steht sie kurz vor dem Erfolg, manchmal verspielt sie frühere Gewinne wieder. Die großen Vereinfachungen, die durch unsere Unkenntnis der meisten Aspekte der prähistorischen Gesellschaften möglich sind, können jenen unsicheren und verzweigten Weg illustrieren, denn nichts ist frappierender als jene Rückfälle, die von der Höhe des Levalloisien zur Mittelmäßigkeit des Moustérien, vom Glanz des Aurignacien und Solutréen zur Roheit des Magdalénien und schließlich zu den extremen Kontrasten der verschiedenen Aspekte des Mesolithikums führen.

Was für die Zeit gilt, gilt auch für den Raum, es muß nur anders ausgedrückt werden. Die Chance einer Kultur, jenes komplexe Ensemble von Erfindungen aller Art zu totalisieren, das wir eine Zivilisation nennen, ist Funktion der Anzahl und der Verschiedenheit der Kulturen, mit denen sie – oft unwillentlich – daran arbeitet, eine gemeinsame Strategie zu entwickeln. Anzahl und Verschiedenheit, sagen wir. Ein Vergleich zwischen der Alten Welt und der Neuen Welt am Vorabend der Entdeckungen kann diese doppelte Notwendigkeit gut illustrieren.

Europa war zu Beginn der Renaissance der Treff- und Fusionspunkt der verschiedensten Einflüsse: griechische, römische, germanische und angelsächsische Traditionen, arabischer und chinesischer Einfluß. Das präkolumbianische Amerika hatte rein quantitativ nicht weniger kulturelle Kontakte, weil ja die amerikanischen Kulturen in Beziehung zueinander standen und die beiden Amerika zusammen eine weiträumige Hemisphäre bilden. Während aber die Kulturen, die sich auf dem europäischen Boden gegenseitig befruchten, das Produkt einer Zehntausende von Jahren alten Differenzierung sind, haben die Kulturen Amerikas, dessen Bevölkerung neueren Datums ist, weniger Zeit gehabt, zu divergieren; sie bieten ein relativ homogeneres Bild. Obwohl man nicht sagen kann, das kulturelle Niveau von Mexiko oder Peru sei im Moment der Entdeckung niedriger gewesen als das Europas (wir haben gesehen, daß es ihm in mancher Hinsicht sogar überlegen war), waren die verschiedenen Aspekte der Kultur bei ihm vielleicht weniger gut miteinander verflochten. Neben erstaunlichen Errungenschaften sind die präkolumbianischen Zivilisationen voll von Lücken, sie haben sozusagen »Löcher«. Sie weisen außerdem das Phänomen des Nebeneinanders noch unentwickelter und bereits aufgegebener Formen auf, das übrigens weniger widersprüchlich ist als es scheint. Ihre wenig flexible und nur schwach differenzierte Organisation erklärt wahrscheinlich ihren Zusammenbruch gegenüber einer Handvoll Eroberer. Und der tiefere Grund dafür kann darin gesehen werden, daß die kulturelle »Koalition« in Amerika Partner verband, die sich weniger voneinander unterschieden als die der Alten Welt.

Es gibt also keine kumulative Gesellschaft an und für sich. Eine kumulative Geschichte ist keine Eigenschaft bestimmter Rassen oder Kulturen, die sich durch sie von anderen unterscheiden. Sie resultiert eher aus ihrem *Verhalten* als aus ihrer *Natur.* In ihr manifestiert sich eine bestimmte Existenzweise der Kulturen, die nichts anderes ist als ihre *Art des Zusammenspiels.* Daher kann man sagen, die kumulative Geschichte ist die Geschichtsform, die für jene sozialen Superorganismen kennzeichnend ist, die die Gesellschaftsgruppen darstellen, während die stationäre Geschichte – vorausgesetzt, daß sie wirklich existiert – das Kennzeichen jener niederen Lebensweise der isolierten Gesellschaften ist.

Das einzige Verhängnis, der einzige Makel, der eine Menschengruppe treffen und an der vollen Entfaltung ihrer Natur hindern kann, ist, isoliert zu sein.

Auf diese Weise wird deutlich, wie ungeschickt und unbefriedigend jene Versuche sind, mit denen man sich im allgemeinen zufriedengibt, um den Beitrag der Menschenrassen und -kulturen zur Zivilisation zu kennzeichnen. Man zählt Wesenszüge auf, man tüftelt an Ursprungsfragen herum, man unterscheidet Prioritäten. So gut gemeint die Absicht solcher Bemühungen auch sein mag, so sind sie doch müßig, weil sie ihr Ziel dreifach verfehlen. Erstens ist das Verdienst einer Erfindung, das man der einen oder der anderen Kultur zuerkennt, nie sicher. Ein Jahrhundert lang hat man fest geglaubt, der Mais sei durch Kreuzung wilder Arten von den Indianern geschaffen worden, und auch heute hält man provisorisch an dieser Annahme fest, aber nicht ohne wachsende Zweifel, denn es kann sein, daß der Mais (man weiß zwar nicht, wann und wie) von Südostasien nach Amerika gekommen ist.

Zweitens können kulturelle Beiträge immer in zwei Gruppen eingeteilt werden. Auf der einen Seite haben wir Wesenszüge, isolierte Errungenschaften, deren Wichtigkeit leicht zu ermessen und begrenzt ist. Daß der Tabak aus Amerika gekommen ist, ist eine Tatsache, aber schließlich und trotz des ganzen zu diesem Zweck von den internationalen Institutionen entfalteten guten Willens, können wir nicht jedesmal, wenn wir eine Zigarette rauchen, vor Dankbarkeit gegenüber den Indianern dahinschmelzen. Der Tabak ist ein köstlicher Beitrag zur Lebenskunst, so wie andere nützlich sind (zum Beispiel der Kautschuk); wir verdanken ihnen zusätzliche Genüsse und Erleichterungen, aber wenn es sie nicht gäbe, wären die Grundfesten unserer Zivilisation nicht erschüttert; und bei dringendem Bedürfnis hätten wir sie auch erfinden oder etwas andres an ihre Stelle setzen können.

Das äußerste Gegenteil davon (natürlich gibt es eine ganze Reihe von Zwischenformen) sind die Beiträge, die einen systematischen Charakter haben, das heißt der besonderen Art entsprechen, in der eine Gesellschaft die gesamten menschlichen Bestrebungen artikuliert und befriedigt. Die unverwechselbare Originalität und Natur dieser Lebensstile oder *patterns,* wie die Angelsachsen sagen, sind unleugbar, aber da sie ebenso viele ausschließende Entscheidungen darstellen, wäre einem kaum verständlich, wie eine Zivilisation vom Lebensstil einer anderen profitieren kann, ohne sich selbst aufzugeben. Tatsächlich können die Kompromißversuche nur auf zwei Resultate hinauslaufen: entweder auf eine Desorganisation und Auflösung des *pattern* einer der Gruppen oder auf eine originale Synthese, die dann aber im Auftauchen eines dritten *pattern* besteht, das nicht mehr auf die beiden anderen zurückgeführt werden kann. Es geht übrigens gar nicht einmal darum, ob eine Gesellschaft vom Lebensstil der benachbarten Gesellschaften profitieren kann, sondern ob und wieweit es ihr gelingt, sie zu verstehen oder auch nur kennenzulernen. Wir haben gesehen, daß sich auf diese Frage keine kategorische Antwort geben läßt.

Drittens, es gibt keinen Beitrag, von dem nicht jemand profitiert. Wenn es nun aber konkrete Kulturen gibt, die sich in Zeit und Raum situieren lassen und von denen man sagen kann, daß sie etwas »beigetragen« haben und es auch weiterhin tun, was ist dann jene »Weltzivilisation«, die von allen diesen Beiträgen profitiert haben soll? Es ist keine von allen anderen unterschiedene Zivilisation, die den gleichen Realitätskoeffizienten aufweist. Wenn wir von Weltzivilisation sprechen, so bezeichnen wir damit nicht eine Epoche oder Menschengruppe: wir verwenden einen abstrakten Begriff, dem wir einen entweder moralischen oder logischen Wert beimessen: einen moralischen Wert, wenn wir den vorhandenen Gesellschaften damit ein Ziel weisen, einen logischen Wert, wenn wir die durch Analyse erkennbaren gemeinsamen Elemente der verschiedenen Kulturen mit einer Vokabel bezeichnen wollen. In beiden Fällen muß man sich darüber im klaren sein, daß der Begriff »Weltzivilisation« sehr dürftig und schematisch ist und daß sein intellektueller und affektiver Inhalt keine große Dichte aufweist. Kulturelle Beiträge abschätzen wollen, die eine tausendjährige Geschichte haben und mit dem ganzen Gewicht der Gedanken, Leiden, Begierden und Mühen der Menschen belastet sind, die sie hervorbrachten, indem man sie ausschließlich über den Leisten einer Weltzivilisation schlüge, die sich erst gerade als Hohlform abzeichnet – das hieße diese Beiträge verarmen, sie ihrer Substanz berauben und nur ein fleischloses Gerippe zurücklassen.

Wir haben vielmehr zeigen wollen, daß der wirkliche Beitrag der Kulturen nicht in der Liste ihrer besonderen Erfindungen besteht, sondern in dem ›differentiellen Abstand‹ [*écart différentiel*], den sie voneinander haben. Das Gefühl der Dankbarkeit und Bescheidenheit, das jedes Mitglied einer jeden Kultur gegenüber allen anderen empfinden kann und muß, kann sich nur auf eine einzige Überzeugung gründen: daß die anderen Kulturen sich von seiner eigenen auf die verschiedenste Art unterscheiden, und das sogar dann, wenn die eigentliche Natur dieser Unterschiede ihm entgeht oder es ihm trotz all seiner Bemühungen nur unvollständig gelingt, in sie einzudringen.

Andererseits haben wir den Begriff »Weltzivilisation« als eine Art Grenzbegriff angesehen oder als eine verkürzte Bezeichnung eines komplexen Prozesses. Denn wenn unsere Beweisführung stimmt, dann gibt es keine und kann es auch keine Weltzivilisation in dem absoluten Sinn geben, den dieser Ausdruck oft hat, weil Zivilisation eine Koexistenz von Kulturen einschließt, die ein Maximum von Verschiedenheit untereinander aufweisen, ja weil Zivilisation gerade in einer solchen Koexistenz besteht. Die Weltzivilisation kann nichts andres sein als die weltweite Koalition von Kulturen, von denen jede ihre Originalität bewahrt.

10. Der doppelte Sinn des Fortschritts

Stehen wir nun nicht vor einem doppelten Paradox? Wenn wir die Begriffe in dem Sinne verstehen, den wir ihnen gegeben haben, so wissen wir, daß jeder kulturelle *Fortschritt* Funktion einer *Koalition* zwischen den Kulturen ist. Diese Koalition besteht in der (bewußten oder unbewußten, willentlichen oder unwillentlichen, beabsichtigten oder zufälligen, gesuchten oder erzwungenen) Zusammenlegung der *Chancen*, die jede Kultur in ihrer historischen Entwicklung hat; schließlich haben wir gesehen, daß eine solche Koalition um so fruchtbarer war, je unterschiedlicher die Kulturen waren, zwischen denen sie zustande kam. Danach haben wir es also offenbar mit widersprüchlichen Bedingungen zu tun. Denn dieses *Zusammenspiel*, aus dem jeder Fortschritt resultiert, wird zwangsläufig über kurz oder lang zu einer *Homogenisierung* dessen führen, was jeder Spieler einbringt. Und wenn die Unterschiedlichkeit eine Anfangsbedingung ist, so werden andrerseits die Gewinnchancen um so schwächer, je länger die Partie fortgesetzt wird. Gegen diese unvermeidliche Folge gibt es, so scheint mir, nur zwei Mittel. Das eine besteht darin, daß jeder Spieler in seinem Spiel ›differentielle Abstände‹ [*écarts différentiels*] provoziert; das ist durchaus möglich, weil ja jede Gesellschaft (die nach unserem Modell der »Spieler« ist) aus einer Koalition von verschiedenen Gruppen besteht, konfessionellen, ökonomischen und Berufsgruppen, und der gesellschaftliche Einsatz sich aus den Einsätzen aller dieser Mitglieder zusammensetzt. Die sozialen Ungleichheiten sind das auffälligste Beispiel dieser Lösung. Die beiden großen Revolutionen, die wir zur Illustration herangezogen haben, die neolithische und die industrielle Revolution, waren nicht nur von einer Differenzierung des Sozialkörpers begleitet, wie Spencer richtig gesehen hat, sondern auch von der Einführung differentieller Status zwischen den einzelnen Gruppen, vor allem in ökonomischer Hinsicht. Man hat seit langem festgestellt, daß die neolithischen Entdeckungen rasch zu einer sozialen Differenzierung geführt hatten mit der Entstehung der großen Stadtkonzentrationen und der Herausbildung der Staaten, Kasten und Klassen im alten Orient. Das gleiche gilt für die industrielle Revolution, die durch das Auftauchen eines Proletariats bedingt war und neue, intensivere Ausbeutungsformen der menschlichen Arbeit hervorbrachte. Bisher neigte man dazu, diese sozialen Veränderungen als Folge der technischen Veränderungen anzusehen und in einem Ursache-Wirkung-Verhältnis aufeinander zu beziehen. Wenn unsere Interpretation zutrifft, so muß die Vorstellung einer Kausalitätsbeziehung (mit der dementsprechenden zeitlichen Aufeinanderfolge) aufgegeben werden – wozu die modernen Wissenschaften ja ganz allgemein neigen – zugunsten des Begriffs einer funktionalen Korrelation zwischen den beiden Phänomenen. Nebenbei bemerkt mag uns die Anerkennung der Tatsache, daß der technische Fortschritt die Entwicklung der Ausbeutung des Menschen durch den Menschen zum historischen

Korrelat hatte, zu einer gewissen Zurückhaltung bei den Bekundungen des Stolzes veranlassen, den das erste der genannten beiden Phänomene so gern bei uns hervorruft.

Das zweite Mittel ist weitgehend vom ersten bedingt: Es besteht darin, auf freiwilliger Basis oder mit Gewalt neue, diesmal äußere Partner in die Koalition hineinzubringen, deren »Einsätze« sich stark von denen unterscheiden, die den ursprünglichen Bund kennzeichnen. Auch diese Lösung ist versucht worden, und wenn sich mit dem Begriff Kapitalismus im großen und ganzen die erste Lösung bezeichnen läßt, so läßt sich die zweite Lösung mit den Begriffen Imperialismus oder Kolonialismus illustrieren. Die koloniale Expansion des 19. Jahrhunderts hat es dem industriellen Europa in großem Maße ermöglicht (und das gewiß nicht nur zu seinen eignen Gunsten), eine Spannkraft zu erneuern, die ohne Einführung der kolonisierten Völker in den Kraftstrom viel schneller hätte erlahmen können.

Man sieht also, daß in beiden Fällen das Mittel darin besteht, die Koalition zu erweitern, entweder durch innere Differenzierung oder durch die Aufnahme neuer Partner; letztlich gilt es immer, die Zahl der Spieler zu erhöhen, das heißt die Komplexität und Unterschiedlichkeit der Anfangssituation wiederherzustellen. Man sieht aber auch, daß solche Lösungen den Prozeß nur vorläufig verlangsamen können. Ausbeutung kann es nur innerhalb einer Koalition geben:

zwischen zwei Gruppen, einer herrschenden und einer beherrschten, bestehen Kontakte und bildet sich ein Austausch. Trotz der Einseitigkeit der Beziehung, die sie scheinbar miteinander verbindet, müssen auch sie bewußt oder unbewußt ihre Einsätze zusammenlegen, und fortschreitend neigen ihre Gegensätze dazu, sich allmählich zu verringern. Die sozialen Verbesserungen einerseits und die schrittweise Erreichung der Unabhängigkeit der kolonisierten Völker andererseits machen uns zu Zeugen dieses Phänomens; und obwohl noch ein langer Weg in diesen beiden Richtungen zurückzulegen ist, wissen wir schon heute, daß die Dinge sich unweigerlich in dieser Weise weiterentwikkeln werden. Vielleicht muß man ja das Auftauchen antagonistischer politischer und sozialer Systeme als eine dritte Lösung interpretieren; man kann sich vorstellen, daß durch eine Differenzierung, die sich jedesmal auf einer anderen Ebene wiederholt, in veränderlichen und die Menschen immer wieder überraschenden Formen, dieser Zustand eines Ungleichgewichts erhalten werden kann, von dem das biologische und kulturelle Überleben der Menschheit abhängt.

Anders als widersprüchlich kann man sich jedenfalls schwer einen Prozeß vorstellen, der sich auf folgende Weise definieren läßt: Um Fortschritte machen zu können, müssen die Menschen zusammenarbeiten; im Laufe dieser Zusammenarbeit stellen sie fest, daß die Beiträge, deren ursprüngliche Unterschiedlichkeit gerade das war, was ihre Zusammenarbeit fruchtbar und

notwendig machte, sich einander schrittweise angleichen.
Aber selbst wenn dieser Widerspruch unaufhebbar ist, so ist es die heilige Pflicht der Menschheit, seine beiden Pole gleichermaßen im Sinn zu behalten, niemals den einen ausschließlich zugunsten des anderen aus den Augen zu verlieren, sich einerseits vor einem blinden Partikularismus zu hüten, der dazu neigt, das Privileg des Menschseins nur einer Rasse, Kultur oder Gesellschaft vorzubehalten, aber andrerseits auch niemals zu vergessen, daß keine Fraktion der Menschheit auf die Gesamtheit anwendbare Formeln hat und daß eine Menschheit, die in einer Art Einheitsleben aufginge, undenkbar ist, weil sie dann eine verknöcherte Menschheit wäre.

In dieser Hinsicht haben die internationalen Institutionen eine immense Aufgabe vor sich und tragen eine schwere Verantwortung. Beides ist komplexer, als man denkt. Denn die Mission der internationalen Institutionen ist eine doppelte; sie besteht auf der einen Seite im Beseitigen und auf der anderen Seite im Erwecken. Sie müssen zunächst der Menschheit helfen und dazu beitragen, daß die toten Unterschiede, die wertlosen Rückstände von Arten der Zusammenarbeit, deren Vorhandensein im Zustand verfaulter Rudimente eine ständige Infektionsgefahr für den internationalen Körper darstellt, so wenig schmerzhaft und gefährlich wie möglich absterben. Sie müssen beschneiden, notfalls amputieren und das Entstehen anderer Anpassungsformen fördern.

Gleichzeitig müssen sie aber leidenschaftlich darauf achten, daß, wenn diese neuen Arten den gleichen funktionalen Wert wie die vorhergehenden besitzen sollen, sie diese nicht reproduzieren dürfen oder nach dem gleichen Modell konzipieren können, ohne daß sie zu immer kraftloseren und schließlich ohnmächtigen Lösungen werden. Sie müssen vielmehr wissen, daß die Menschheit reich an unvorhergesehenen Möglichkeiten ist, von denen jede bei ihrem Auftreten die Menschen immer verblüffen wird; daß sich der Fortschritt nicht nach dem bequemen Bild jener »verstärkten Ähnlichkeit« vollzieht, mit dem wir uns in unserer Trägheit zur Ruhe setzen wollen, sondern daß er voller Überraschungen, Brüche und Skandale ist. Die Menschheit hat es ständig mit zwei einander widersprechenden Prozessen zu tun, von denen der eine zur Vereinheitlichung strebt und der andere zur Erhaltung oder Wiederherstellung der Differenzierung. Die Stellung jeder Epoche oder jeder Kultur im System, die Orientierung, nach der sie sich in es einfügt, sind so beschaffen, daß nur einer der beiden Prozesse ihr sinnvoll erscheint, während der andere als Negation des ersten aufgefaßt wird. Aber zu sagen – wozu man geneigt sein könnte –, daß die Menschheit sich zur gleichen Zeit, in der sie sich schafft, zerstört, zeugt ebenfalls von einer unvollständigen Sicht der Dinge. Es handelt sich vielmehr um zwei verschiedene Arten, sich zu *schaffen,* die sich auf zwei entgegengesetzten Ebenen und Stufen abspielen.

Daß es notwendig ist, in einer von Monotonie und Uniformität bedrohten Welt die Verschiedenheit der

Kulturen zu erhalten, ist gewiß den internationalen Institutionen nicht entgangen. Sie begreifen auch, daß es dazu nicht genügt, lokale Traditionen zu hätscheln und vergangenen Zeiten noch eine Frist zu gewähren. Das Faktum der Verschiedenheit ist zu erhalten, nicht der historische Inhalt, den jede Epoche ihm gegeben hat und den keine über sich selbst hinaus verlängern kann. Man muß also das Gras wachsen hören, verborgene Möglichkeiten fördern, alle Berufungen zu gemeinsamem Leben, die die Geschichte parat hält, erwecken; man muß auch bereit sein, ohne Überraschung, Abscheu und Empörung ins Auge zu fassen, was alle jene neuen sozialen Ausdrucksformen unweigerlich an Ungewohntem aufweisen werden. Toleranz ist keine kontemplative Einstellung, die dem, was war oder ist, mit Nachsicht begegnet. Es ist eine dynamische Haltung, die darin besteht, was sein will, vorauszusehen, zu verstehen und zu fördern. Die Verschiedenheit der menschlichen Kulturen ist hinter uns, um uns und vor uns. Die einzige Forderung, die wir in dieser Hinsicht erheben können (und die für jeden einzelnen entsprechende Pflichten schafft), ist, daß sie sich in Formen realisiere, von denen jede ein Beitrag zur größeren Generosität der anderen sei.

Bibliographie der Arbeiten
von Claude Lévi-Strauss

A. Bücher

(1) *La vie familiale et sociale des Indiens Nambikwara*
Paris, Société des Américanistes, 1948

(2) *Les structures élémentaires de la parenté*
Paris Presses Universitaires de France, 1949
2. Auflage (Mit einem Vorwort zur 2. Auflage = 1967, 2), Paris-Den Haag, Mouton, 1967
Deutsche Übers. des 1. Kapitels unter dem Titel »Natur und Kultur«, in: W. E. Mühlmann und E. W. Müller (Hrsg.),
Kulturanthropologie, Köln-Berlin, Kiepenheuer und Witsch, 1966

(3) *Race et histoire*
Paris, Unesco, 1952
Paris, Editions Gonthier, Bibliothèque Médiations, 1961. Mit einem Nachwort von Jean Pouillon, »L'œuvre de Claude Lévi-Strauss«
Deutsch: *Rasse und Geschichte,* übers. von Traugott König, Frankfurt, suhrkamp taschenbuch 62, 1972

(4) *Tristes Tropiques*
Paris, Plon, 1955
Deutsch: *Traurige Tropen,* übers. von Suzanne Heintz, Köln und Berlin, Kiepenheuer und Witsch, 1960 (gekürzt); unver. Neuauflage 1970.

(5) *Anthropologie structurale*
Paris, Plon, 1958
Deutsch: *Strukturale Anthropologie,* übers. von Hans Naumann, Frankfurt, Suhrkamp, 1967; suhrkamp taschenbuch 15, 1971

(6) *Le totémisme aujourd'hui*
Paris, Presses Universitaires de France, 1962

Deutsch: *Das Ende des Totemismus,* übers. von Hans Naumann, Frankfurt, edition suhrkamp, 1965

(7) *La pensée sauvage*
Paris, Plon, 1962
Deutsch: *Das Wilde Denken,* übers. von Hans Naumann, Frankfurt, Suhrkamp, 1968

(8) *Mythologiques I: Le cru et le cuit*
Paris, Plon, 1964
Deutsch: *Mythologica I: Das Rohe und das Gekochte,* übers. von Eva Moldenhauer, Frankfurt, Suhrkamp, 1970

(9) *Mythologiques II: Du miel aux cendres*
Paris, Plon, 1966
Deutsch: *Mythologica II: Vom Honig zur Asche,* übers. von Eva Moldenhauer, Frankfurt, Suhrkamp, 1972

(10) *Mythologiques III: L'origine des manières de table*
Paris, Plon, 1968
Deutsch: *Mythologica III: Vom Ursprung der Tischsitten,* übers. von Eva Moldenhauer, Frankfurt, Suhrkamp, 1973

(11) *Mythologiques IV: L'homme nu*
Paris, Plon, 1971
Deutsch: *Mythologica IV: Der nackte Mensch,* Frankfurt, Suhrkamp (in Vorbereitung)

B. Aufsätze

1936

(1) »Contribution à l'étude de l'organisation sociale des Indiens Bororo«
in: *Journal de la Société des Américanistes,* XXVIII, 2, Paris, S. 269–304

(2) »Entre os selvagems civilizados«
in: *O Estado de São Paulo*

(3) »Os mais vastos horizontes do mundo«
in: *Filosofia, Ciências e Letras,* I, São Paulo, S. 66–69

1937
(1) »A civilisaçao chaco-santiguena«
in: *Revista do Arquivo Municipal,* IV, São Paulo
(2) »La sociologie culturelle et son enseignement«
in: *Filosofia, Ciências e Letras,* II, São Paulo
(3) »Poupées Karaja«
in: *Boletim de la Sociedade de Etnografia et de Folklore,* I, São Paulo
(4) »Indiens du Brésil«
in: *Cataloque de l'expédition etc. (Mission Lévi-Strauss),*
Paris, Muséum National d'Histoire Naturelle, S. 1–14

1942
(1) »Fards indiens«
in: *VVV. Poetry, plastic arts, anthropology, sociology, psychology,* I, 1, New York, S. 33–35
(2) »Souvenir of Malinovski«
in: *VVV.,* a.a.O., S. 45

1943
(1) »Guerre et commerce chez les Indiens de l'Amérique du Sud«
in: *Renaissance, revue trimestrielle publiée par l'Ecole libre des hautes études,* I, 1–2, New York, S. 122–139
(2) »The Social Use of Kinship Terms among Brazilian Indians«
in: *American Anthropologist,* XLV, 3, S. 398–409

1944
(1) »On Dual Organization in South America«
in: *America Indigena,* IV, 1, Mexico, S. 37–47
(2) »The Social and Psychological Aspects of Chieftainship in a Primitive Tribe: The Nambikwara of Western Mato Grosso«
in: *Transactions of the New York Academy of Sciences,* series 2, VII, S. 16–32
(= 1947, 1)

(3) »Reciprocity and Hierarchy«
in: *American Anthropologist,* XLVI, 2, S. 266–268

(4) Rezension von Euclides da Cunha, »Rebellion in the Backlands«
in: *American Anthropologist,* XLVI, S. 394

(5) »The Art of the Northwest Coast«
in: *Gazette des Beaux-Arts,* Période 6, XXVII, 1944/45, S. 175–182

1945

(1) »Le dédoublement de la représentation dans les arts de l'Asie et de l'Amérique«
in: *Renaissance,* II–III, 1944/45, New York, S. 168–186
(= AS, S. 269–294; SA, »Die Zweiteilung der Darstellung in der Kunst Asiens und Amerikas«, S. 267–291)

(2) »L'œuvre d'Edward Westermarck«
in: *Revue de l'Histoire des Religions,* CXXIX, 1 und 2–3, S. 84–100

(3) »L'analyse structurale en linguistique et en anthropologie«
in: *Word. Journal of the Linguistic Circle of New York,* I, 2, S. 1–21
(= AS, S. 37–61; SA, »Die Strukturanalyse in der Sprachwissenschaft und in der Anthropologie«, S. 43–67)

(4) »French Sociology«
in: Georges Gurvitch-Wilbert E. Moore (Hrsg.), *Twentieth Century Sociology,* New York, The Philosophical Library, S. 503–537
(= 1947, 4)

1946

(1) »The Name of the Nambikwara«
in: *American Anthropologist,* XLVIII, 1, S. 139–140

(2) »La technique du bonheur«
in: *Esprit* (»L'homme américain«), Nr. 127, S. 643–652

1947
(1) »La théorie du pouvoir dans une société primitive«
in: *Les Doctrines politiques modernes,* New York, Brentano's, S. 41–63
(= 1944, 2)
(2) »Sur certaines similarités morphologiques entre les langues Chibcha et Nambikwara«
in: *Actes du XXVIIième Congrès International des Américanistes,* Paris, S. 182–192
(3) »Le serpent au corps rempli de poissons«
in: a.a.O., S. 633–636
(=AS, S. 295–299; SA, »Die Schlange mit dem Körper voller Fische«, S. 292–296)
(4) »La Sociologie Française«
in: Georges Gurvitch – Wilbert E. Moore (Hrsg.), *La Sociologie au XXe siècle,* Paris, Presses Universitaires de France, S. 513–545
(= 1945, 4; Französ. Übers.)

1948
(1) »The Nambicuara«
in: *Handbook of South American Indians,* hg. v. J. Steward, Bureau of American Ethnology, Smithsonian Institution, Washington, Bd. III, S. 361–369
(2) »The Tupi-Kawahib«
in: a.a.O., S. 299–305
(3) »The Tribes of the Upper Xingu River«
in: a.a.O., S. 321–348
(4) »The Tribes of the Right Bank of the Guaporé River«
in: a.a.O., S. 371–379

1949
(1) »Le sorcier et sa magie«

in: *Les Temps Modernes,* Nr. 41, S. 3–24
(= AS, S. 183–203; SA, »Der Zauberer und seine Magie«, S. 183–203)
(2) »L'efficacité symbolique«
in: *Revue de l'Histoire des Religions,* CXXXV, 1, S. 5–27
(= AS, S. 205–226; SA, »Die Wirksamkeit der Symbole«, S. 204–225)
(3) »La politique étrangère d'une société primitive«
in: *Politique Etrangère,* Nr. 2, Mai, S. 139–152
(4) »Histoire et ethnologie«
in: *Revue de Métaphysique et de Morale,* LIV, 3–4, S. 363–391
(= AS, »Introduction: Histoire et ethnologie«, S. 3–33; SA, »Einleitung: Geschichte und Ethnologie«, S. 11–40)

1950
(1) »The Use of Wild Plants in Tropical South America«
in: *Handbook of South American Indians,* a.a.O., Bd. VI, S. 465–486
(2) Vorwort zu Katherine Dunham, »Danses d'Haiti«, Paris, Fasquelle
(3) Vorwort zu C. Berndt, »Women's Changing Ceremonies in Northern Australia«
in: *L'Homme,* I, 1, Paris, Herman, S. 3–8
(4) »Documents rama-rama«
in: *Journal de la Société des Américanistes,* XXXIX, S. 84–100
(5) »Sur certains objets en poterie d'usage douteux provenant de la Syrie et de l'Inde«
in: *Syria,* XXVII, 1–2, S. 1–4
(6) »Introduction à l'œuvre de Marcel Mauss«
in: Marcel Mauss, *Sociologie et Anthropologie,* Paris, Presses Universitaires de France, S. IX–LII
(=Teilabdruck: 1950, 7)
(7) »Marcel Mauss«

in: *Cahiers Internationaux de Sociologie,* VIII, S. 72–112
(=Teilabdruck von 1950, 6)

1951
(1) »Language and the Analysis of Social Laws«
in: *American Anthropologist,* LIII, 2, S. 155–163
(= AS, »Langage et société«, S. 63–75; SA, »Sprache und Gesellschaft«, S. 68–79)
(2) »Avant-Propos«
in: *Bulletin International des Sciences Sociales* (Sondernummer über Südostasien) Paris, Unesco, III, 4, S. 825–829
(3) »Les sciences sociales au Pakistan«
in: a.a.O., S. 885–892

1952
(1) »La notion d'archaisme en ethnologie«
in: *Cahiers Internationaux de Sociologie,* XII, S. 32–55
(= AS, S. 113–132; SA, »Der Begriff des Archaismus in der Ethnologie«, S. 115–134)
(2) »Les structures sociales dans le Brésil central et oriental«
in: *Proceedings of the 29th International Congress of Americanists,* Bd. III, Univ. of Chicago Press, S. 302–310
(= abgedruckt in Sol Tax [Hrsg.], *Indian Tribes of Aboriginal America,* University of Chicago Press, 1952, S. 302–310)
(=AS, S. 133–145; SA, »Die sozialen Strukturen in Zentral- und Ostbrasilien«, S. 135–147)
(3) »Le Père Noël supplicié«
in: *Les Temps Modernes,* Nr. 77, S. 1572–1590
(= gekürzte engl. Übers. »Where Does Father Christmas come from«, in: *New Society,* 19, 1963, S. 6–8)

(4) »Kinship Systems of Three Chittagong Hill Tribes«
in: *Southwestern Journal of Anthropology,* VIII, 1, S. 40–51

(5) »Miscellaneous Notes on the Kuki«
in: *Man,* LI, Nr. 284, S. 167–169

(6) »Le syncrétisme religieux d'un village mogh du territoire de Chittagong«
in: *Revue de l'Histoire des Religions,* CXLI, 2, S. 202–237

(7) »La visite des âmes«
in: *Annuaire de l'Ecole Pratique des Hautes Etudes* (E.P.H.E.); (Sciences Religieuses) 1951–1952, S. 20–23

(8) »Towards a General Theory of Communication«
Vorlage bei der *International Conference of Linguists and Anthropologists,* University of Indiana, Bloomington, (mimeogr.)

(9) »Social Structure«
Wenner-Gren Foundation International Symposium on Anthropology, New York
(= 1953, 3; 1953, 4)
(= AS, »La notion de structure en ethnologie«, S. 303–351; SA, »Der Strukturbegriff in der Ethnologie«, S. 229–346)

1953

(1) Chapter One
in: *Supplement to International Journal of American Linguistics,* XIX, 2, S. 1–10
(= AS, »Linguistique et anthropologie«, S. 77–91; SA, »Sprachwissenschaft und Anthropologie«, S. 80–94)
(= vgl. 1952, 8)

(2) »Panorama de l'ethnologie«
in: *Diogène,* II, S. 96–123
(= Deutsche Übers. »Überblick über die Ethnologie«,

in: *Diogenes. Internationale Zeitschrift für Philosophie und Wissenschaft,* I, 1953–1954, S. 230–256)

(3) »Social Structure«
in: *Anthropology Today,* prep. under the chairmanship of A. L. Kroeber, Chicago, University of Chicago Press, S. 524–558
(= 1952, 9; 1953, 4)

(4) »Structure Sociale«
in: *Bulletin de Psychologie,* VI, 5, S. 358–390
(= 1952, 9; 1953, 3)

(5) »Recherches de mythologie américaine (1)«
in: *Annuaire de l'E.P.H.E.* (Sciences Religieuses), 1952–1953, S. 19–21

1954

(1) »Recherches de mythologie américaine (2)«
in: *Annuaire de l'E.P.H.E.,* 1953–1954, S. 27–29

(2) »L'art de déchiffrer les symboles«
in: *Diogène,* V, S. 128–135
(= Deutsche Übers. »Die Kunst, Symbole zu deuten«, in: *Diogenes,* II, 1954–1955, S. 684–688)

(3) »Place de l'anthropologie dans les sciences sociales et problèmes posés par son enseignement«
in: *Les Sciences Sociales dans l'Enseignement Supérieur,* Paris, Unesco
(= AS, S. 377–418; SA, »Die Stellung der Anthropologie in den Sozialwissenschaften und die daraus resultierenden Unterrichtsprobleme«, S. 369–408)

(4) »Qu'est-ce qu'un primitif?«
in: *Le Courrier,* Paris, Unesco, 8–9, S. 5–7

1955

(1) »Rapports de la mythologie et du rituel«
in: *Annuaire de l'E.P.H.E.* (Sciences Religieuses), 1954–1955, S. 25–28

(2) »Les structures élémentaires de la parenté«

in: *La Progenèse,* Centre International de l'Enfance, Paris, Masson, S. 105–110
(3) »Les mathématiques de l'homme«
in: *Bulletin International des Sciences Sociales* (Sondernummer über die Mathematik), VI, 4, S. 643–653
(= 1956, 12)
(= Deutsche Übers. »Die Mathematik vom Menschen«, in: *Kursbuch* 8, 1965, S. 176–188)
(4) »The Structural Study of Myth«
in: *Journal of American Folklore,* LXVIII, 270, S. 428–444
(= AS, »La structure des mythes«, S. 227–255; SA, »Die Struktur der Mythen«, S. 226–254)
(5) »Diogène couché«
in: *Les Temps Modernes,* Nr. 110, S. 1187–1220

1956
(1) »Sur les rapports entre la mythologie et le rituel«
in: *Bulletin de la Société Française de Philosophie,* Sitzung vom 26. Mai 1956, S. 99–125 (Mit Diskussion)
(2) »Les organisations dualistes existent-elles?«
in: *Bijdragen tot de Taal-, Land- en Volkenkunde,* 112, 2, s'Gravenhage, S. 99–128
(= AS, S. 147–180; SA, »Gibt es dualistische Organisationen?«, S. 148–180)
(3) »The Family«
in: H. L. Shapiro (Hrsg.), *Man, Culture and Society,* London, Oxford University Press, S. 261–285
(4) Rezension von G. Balandier, »Sociologie des Brazzavilles Noires«
in: *Revue Française de Sciences Politiques,* VI, 1, S. 177–179
(5) »Sorciers et Psychanalyse«
in: *Le Courrier,* Paris, Unesco, Juli-August, S. 8–10
(6) »Structure et dialectique«
in: *For Roman Jakobson. Essays on the Occasion of his Sixtieth Birthday,* Den Haag, Mouton, S. 289–294

(= AS, S. 257–266; SA, »Struktur und Dialektik«, S. 255–264)

(7) »Jeux de société«
in: United States Lines, *Paris Review*

(8) »La fin des voyages«
in: *L'Actualité littéraire,* Nr. 26, S. 29–32

(9) »Les trois humanismes«
in: *Demain,* Nr. 35, 9.–15. Aug., S. 16

(10) »Le droit au voyage«
in: *L'Express,* 21. September

(11) »Les prohibitions du mariage«
in: *Annuaire de l'E.P.H.E.* (Sciences Religieuses), 1955–1956, S. 30–40

(12) »Les mathématiques de l'homme«
in: *Esprit,* XXIV, 10, S. 525–538
(= 1955, 3)

1957

(1) »Le symbolisme cosmique dans la structure sociale et l'organisation cérémonielle des tribus américaines«
in: *Serie Orientale Roma,* XIV, Institut pour l'étude de l'Orient et de l'Extrême-Orient, Rom, S. 47–56

(2) Rezension von R. Briffaut, »B. Malinowski, Past and Present«
in: *American Anthropologist,* LIX, 5, S. 902–903

(3) »Recherches récentes sur la notion d'âme«
in: *Annuaire de l'E.P.H.E.* (Sciences Religieuses), 1956–1957, S. 16–17

(4) »These Cooks Did not Spoil the Broth«
in: *Le Courrier,* Paris, Unesco, Nr. 10, S. 12–13

(5) »The Principle of Reciprocity«
in: L. Coser, B. Rosenberg (Hrsg.), *Sociological Theory. A Book of Readings,* New York 1957, S. 74–84
(= A, 2, V. Kap.)

1958

(1) Vorwort zu M. Bouteiller, »Sorciers et jeteurs de sorts«, Paris, Plon, S. i–vi

(2) Rezension von R. Firth (Hrsg.), »Man and Culture: An Evaluation of the Work of B. Malinowski«
in: *Africa*

(3) »Dis-moi quels champignons...«
in: *L'Express*, 10. April

(4) »One World, Many Societies« (»Un monde, des sociétés«)
in: *Way Forum*, März

(5) »Le dualisme dans l'organisation sociale et les représentations religieuses«
in: *Annuaire de l'E.P.H.E.* (Sciences Religieuses), 1957–1958/1958–1959

(6) »Documents Tupi-Kawahib«
in: *Miscellanea Paul Rivet*, Mexico

(7) »La geste d'Asdiwal«
in: *Annuaire de l'E.P.H.E.* (Sciences Religieuses), 1958–1959, S. 3–43
(= 1961, 4)
(= Engl. Übers. »The Story of Asdiwal«, in: E. Leach [Hrsg.], *The Structural Study of Myth and Totemism*, London 1967, S. 1–47)
(= Deutsche Übers. »Die Sage von Asdiwal«, in: C. A. Schmitz [Hrsg.], *Religions-Ethnologie*, Frankfurt 1964, S. 154–195)

1959

(1) »Amérique du Nord et Amérique du Sud«
in: *Le Masque*, Musée Guimet, Paris

(2) »Le Masque«
in: *L'Express*, Nr. 443

(3) »Marcel Mauss«
in: *Encyclopaedia Britannica*, Bd. 14, 1133 a

(4) »Passage Rites«
in: *Encyclopaedia Britannica*, Bd. 17, 433 b–434 a

(5) *Préface* zu Don G. Talayesva, »Soleil Hopi«
Paris, Plon, S. I–X

1960
(1) »Four Winnebago Myths. A Structural Sketch«
in: *Culture in History,* Essays in Honor Paul Radin, New York, University of Columbia Press, S. 351–362
(2) »Le dualisme dans l'organisation sociale et les représentations religieuses«
in: *Annuaire de l'E.P.H.E.* (Sciences Religieuses), 1958–1959
(3) »Méthodes et conditions de la recherche ethnologique française en Asie«
in: *Colloques sur les recherches ...,* Fondation Singer-Polignac, Paris
(4) »Les trois sources de la réflexion ethnologique«
in: *Revue de l'Enseignement Supérieur,* Paris, S. 43–50
(5) »La structure et la forme. Réflexions sur un ouvrage de Vladimir Propp«
in: *Cahiers de l'Institut de Sciences Economiques Appliquées,* 99, série M (Recherches et dialogues philosophiques et économiques, 7), März, S. 3–36
(= 1960, 6)
(6) »La structure et la forme«
in: »Analyse morphologique des contes russes«, *International Journal of Slavic Linguistics and Poetics,* 3, S. 122–149
(= 1960, 5)
(7) »On Manipulated Sociological Models«
in: *Bijdragen tot de Taal-, Land- en Volkenkunde,* 116, I, Den Haag, S. 45–54
(8) »Ce que l'ethnologie doit à Durkheim«
in: *Annales de l'Université de Paris,* XXX, 1, S. 47–52
(9) »Résumé des cours de 1959–1960«
in: *Annuaire du Collège de France,* 60. Jg.
(10) »Leçon Inaugurale faite le mardi 5 janvier 1960«

Collège de France, Chaire d'anthropologie sociale, Paris
(= 1965, 4)
(= Engl. Übers. »The Scope of Anthropology«, in: *Current Anthropology,* VII, 2, 1966, S. 122–123
The Scope of Anthropology, London, Cape Editions, 1967)
(= Ital. Übers. »Elogio dell' antropologia«, in: *Aut Aut* 88, Milano 1965, S. (7–41)

(11) »Le problème de l'invariance en anthropologie« in: *Diogène* 1960, 31, S. 23–33
(= Auszug aus 1960, 10)

(12) »L'anthropologie sociale devant l'histoire« in: *Annales,* XV, 4, S. 625–637

1961

(1) »La chasse rituel aux aigles« in: *Annuaire de l'E.P.H.E.* (Sciences Religieuses), 1959–1960

(2) »La crise moderne de l'anthropologie« in: *Le Courrier,* Paris, Unesco, Nr. 11, S. 12–17

(3) »Le métier d'ethnologue« in: *Les Annales. Revue mensuelle des lettres françaises,* Nr. 129, S. 5–17

(4) »La geste d'Asdiwal« in: *Les Temps Modernes*
(= 1958, 7)

(5) »Résumé des cours de 1960–1961« *Annuaire du Collège de France,* 61. Jg.

1962

(1) »Les chats de Charles Baudelaire« (In Zusammenarbeit mit Roman Jakobson) in: *L'Homme,* II, 1, S. 5–21
(Deutsche Übers. in: *alternative* 62/63, 1968, S. 156–170 und in: *Sprache im technischen Zeitalter,* 29, 1969, S. 1–19)

(2) »Crowds«
in: *New Left Review,* 15, S. 3–6
(= Teilübers. des Kapitels XV »Foules« aus *Tristes Tropiques*)
(3) »Jean-Jacques Rousseau, fondateur des sciences de l'homme«
in: *J. J. Rousseau,* Université ouvrière et faculté des lettres de l'Université de Genève, Coll. Langages, Neuchâtel, La Baconnière, S. 239–248
(= vgl. 1962, 7 und 1963, 5)
(4) »Les limites de la notion de structure en ethnologie«
in: R. Bastide (Hrsg.), *Sens et usage du terme structure,* Janua Linguarum, XVI, S. 40–45
(5) »Résumé des cours de 1961–1962«
in: *Annuaire du Collège de France,* 62. Jg.
(6) »Sur le caractère distinctif des faits ethnologiques«
in: *Revue des travaux de l'Académie des Sciences, Morales et Politiques,* 115e année, 4me série, S. 211–219
(7) »Ethnologue avant l'heure«
in: *Les Nouvelles Littéraires* vom 29. 11. 1962, Sondernummer »Rousseau«
(= vgl. 1962, 3 und 1963, 5)

1963
(1) »The Bear and the Barber«, The Henry Myers Memorial Lecture 1962
in: *The Journal of the Royal Anthropological Institute,* XCIII, S. 1–11
(2) »Marques de propriété dans deux tribus sud-américaines«
(in Zusammenarbeit mit N. Belmont)
in: *L'Homme,* III, 3, S. 102–108
(3) »Résumé des cours de 1962–1963«
in: *Annuaire du Collège de France,* 63. Jg.
(4) »Les discontinuités culturelles et le développement économique et social«

in: *Table Ronde sur les prémices sociales de l'industrialisation,* Paris, Unesco

(5) »Rousseau, père de l'ethnologie«
in: *Le Courrier,* Paris, Unesco, XVI, 3, S. 10–15
(= vgl. 1962, 3 und 1962, 7)

1964

(1) »Alfred Métraux«
in: *Annales de l'Université de Paris,* 1

(2) »Alfred Métraux, 1902–1963«
in: *Journal de la Société des Américanistes*

(3) »Hommage à Alfred Métraux«
in: *L'Homme,* IV, 2

(4) »Compte rendu d'enseignement (1963–1964)«
in: *Annuaire du Collège de France*

(5) »Critères scientifiques dans les disciplines sociales et humaines«
in: *Revue Internationale des Sciences Sociales,* XVI, 4, Paris, Unesco
(= 1966, 2)
(= Engl. Übers. »Criteria of Science in the Social and Human Disciplines«, in: *International Social Science Journal,* Nr. 4, 1964)

(6) »Le triangle culinaire«
in: *L'Arc,* Nr. 62, S. 19–29
(= 1968, 3)
(= Engl. Übers. »The culinary triangle«, in: *Partisan Review,* 33, 1966, S. 586–595)
(= Deutsche Übers. »Das kulinarische Dreieck«, in: *Frankfurter Allgemeine Zeitung,* 26. März 1966)

(7) »Sur quelques problèmes posées par l'étude des classifications primitives«
in: Mélanges Alexandre Koyré, Bd. 2, »*L'Aventure de l'esprit*«, Histoire de la pensée, Bd. 13, Paris, Herman, S. 335–345
(= vgl. PS, S. 79–89; WD, S. 74–83)

1965

(1) »Les sources polluées de l'art«
in: *Arts-Loisirs,* 7.–13. April

(2) »The Future of Kinship Studies«, The Huxley Memorial Lecture for 1965
in: *Proceedings of the Royal Anthropological Institute,* London

(3) »Présentation d'un laboratoire d'anthropologie sociale«
in: *Revue de l'Enseignement Supérieur,* III

(4) »Résumé des cours de 1964–1965«
in: *Annuaire du Collège de France,* 65. Jg.

1966

(1) »Anthropology, its Achievement and Future«
in: *Nature,* CCIX
in: *Knowledge among Men,* New York
in: *Current Anthropology,* VII, 2, S. 112–123

(2) »Critères scientifiques dans les disciplines sociales et humaines«
in: *Aletheia,* 4 (Sondernummer »Strukturalismus«), S. 189–212
(= 1964, 5)

1967

(1) »The Nambicuara of Northern Mato Grosso«
in: R. Cohen und J. Middleton (Hrsg.), *Comparative Political Systems,* New York, The National History Press

(2) »Vingt ans après«
in: *Les Temps Modernes,* Nr. 256, S. 385–406
(= Vorwort zur 2. Auflage von *Les Structures élémentaires de la parenté,* 1967)

(3) »Le Sexe des astres«
in: *To Honor Roman Jakobson,* Bd. 2, Den Haag, Mouton, S. 1163–1170 (Engl. Übers. »The Sex of the

Heavenly Bodies«, in: M. Lane [Hrsg.], *Structuralism. A Reader,* London, J. Cape, 1970, S. 330–339)

(4) »The Particular Task of Anthropology«
in: Gloria B. Levitas (Hrsg.), *Culture and Consciousness. Perspectives in the Social Sciences,* New York, S. 308–312
(= AS, S. 397–401; SA, S. 388–393)

(5) »Razza e Storia e altri studi di Antropologia«, Turin, Einaudi

1968

(1) »Hommage aux Sciences de l'Homme«
in: *Information sur les Sciences Sociales,* VII, S. 7–11

(2) »Religions comparées des peuples sans écriture«
in: *Problèmes et méthodes d'histoire des religions.* Mélanges publiés par la section des sciences religieuses à l'occasion du centenaire de l'Ecole Pratique des Hautes Etudes, Paris, Presses Universitaires de France, S. 1–7

(3) »Le triangle culinaire«
in: Yvan Simonis, *Claude Lévi-Strauss ou la passion de l'inceste. Introduction au structuralisme,* Paris, S. 225–234
(= 1964, 6)

(4) »La grande aventure de l'ethnologie«
in: *Le Nouvel Observateur,* No. 166

1971

(1) »Rapports de symétrie entre rites et mythes de peuples voisins«
in: *The Translation of Culture,* London

(2) »Comment meurent les mythes«
in: *Science et conscience de la société. Mélanges en l'honneur de Raymond Aron,* Paris

C. Gespräche und Interviews, etc.

1960

(1) Interview mit J.-P. Weber, in: *Le Figaro Littéraire,* 14. März

1961

(1) Georges Charbonnier, *Entretiens avec Claude Lévi-Strauss,* Paris, Plon-Juillard
(= Engl. Übers. *Conversations with Claude Lévi-Strauss,* London, Jonathan Cape, 1969)

1962

(1) Eliseo Veron, »La Antropologia, Hoy: entrevista a Claude Lévi-Strauss
in: *Cuestiones de Filosofia,* I, 2–3, Buenos Aires

1963

(1) »Réponses à quelques questions«
in: *Esprit,* Nr. 322, S. 628–653

(2) Conversazione con Claude Lévi-Strauss (a cura di P. Caruso)
in: *Aut Aut* 77, Milano

1964

(1) Michel Delahaye, Jacques Rivette, »Entretien avec Claude Lévi-Strauss«
in: *Cahiers du Cinéma,* XXVI, Nr. 156, S. 19–29

1965

(1) Riposte a un questionario sullo strutturalismo
in: *Paragone,* N. S., 2, 182, Milano

(2) Réponse à un questionnaire sur 25 témoins de notre temps
in: *Le Figaro Littéraire,* Nr. 1023, 25. 11.

(3) »L'umanità si avvicina a se stessa«, Colloquio con P. Caruso

in: *Rinàscita*, supplemento culturale, Nr. 5, Rom, 29. 3.

1966

(1) P. Caruso, Interview mit Lévi-Strauss in: *Atlas*, April, S. 245–246

(2) G. Steiner, Interview mit Lévi-Strauss in: *Encounter*, April, S. 32–38

1967

(1) »A contre-courant«, Interview von G. D. in: *Le Nouvel Observateur*, 25. Januar

(2) Entretiens de Gilles Lapouge avec Claude Lévi-Strauss, in: *Le Figaro Littéraire*, 2. Februar

(3) R. Bellour, »Entretiens avec Claude Lévi-Strauss« in: *Les Lettres Françaises*, Nr. 1165, 12. Januar, S. 7 (Deutsche Übers. in: *alternative* 54)

1968

(1) »Vivre et parler. Un débat entre François Jacob, Roman Jakobson, Claude Lévi-Strauss et Philippe L'Héritier« in: *Les Lettres Françaises*, Nr. 1221, 14. und 21. Februar

(2) Entretiens avec Claude Lévi-Strauss in: *Témoignage Chrétien*, Nr. 8, 8. April

1969

(1) »Conversazioni con Lévi-Strauss, Foucault, Lacan« (a cura di P. Caruso), Mailand, Mursia

1970

(1) Text einer Rundfunksendung mit Michel Tréguer, Winter 1968 in: Cathérine Backès-Clément, *Claude Lévi-Strauss ou la structure et le malheur*, Paris, Seghers, S. 172–188

Claude Lévi-Strauss
im Suhrkamp Verlag

Das Ende des Totemismus. Aus dem Französischen von Hans Naumann. 1965. edition suhrkamp 128. 142 S.

Strukturale Anthropologie. Aus dem Französischen von Hans Naumann. 1967. 450 S. Mit Illustrationen. Ln. 1969 Lnkasch.

Das wilde Denken. Aus dem Französischen von Hans Naumann. 1968. 342 S. Mit Illustrationen. Ln.

Mythologica I. Das Rohe und das Gekochte. Aus dem Französischen von Eva Moldenhauer. 1970. 400 S. Ln.

Mythologica II. Vom Honig zur Asche. Aus dem Französischen von Eva Moldenhauer. 1972. 568 S. Ln.

Strukturale Anthropologie. Aus dem Französischen von Hans Naumann. 1971. Mit Illustrationen. suhrkamp taschenbuch 15. 453 S.

1973 erscheint
Mythologica III. Vom Ursprung der Tischsitten. Aus dem Französischen von Eva Moldenhauer. Ln.

1974 erscheint
Mythologica IV. Der nackte Mensch

Orte des wilden Denkens. Zur Anthropologie von Claude Lévi-Strauss. Herausgegeben von Wolf Lepenies und Hans Henning Ritter. 1971. Theorie – Diskussion. 427 S.

st 33 Robert Minder,
Dichter in der Gesellschaft
ca. 380 Seiten.
Robert Minder, 1902 in Wasselonne im Elsaß geboren, ist Professor für Germanistik am Collège de France in Paris. Er versteht es, seine immensen Kenntnisse der deutschen und französischen Literatur in fesselnd geschriebenen Al-fresco-Essays darzubieten, die das Buch auch für den Laien zu einer anregenden Lektüre machen.

st 35 Wolfgang Werner,
Vom Waisenhaus ins Zuchthaus
Ein Sozialbericht, herausgegeben und mit einem Nachwort von Martin Walser
288 Seiten
Etwa 22 Jahre war der 27jährige Wolfgang Werner in den Händen des Staates: in den ersten 17 Jahren als Waisenkind, dann vom 17. bis 27. Lebensjahr mit kurzen Freiheitsstrafen als Sträfling. Jetzt packt er aus. Was dabei herauskommt und wie es herauskommt, das zeigt wie in unserer Gesellschaft erzogen und Strafe vollzogen wird.

st 36 George Gaylord Simpson,
Biologie und Mensch
240 Seiten.
Dieser Band enthält die wichtigsten biologischen und anthropologischen Aufsatz-Veröffentlichungen George Gaylord Simpsons seit 1964. Simpson, einer der heute bedeutendsten Evolutionsforscher, ebenso brillanter wie streitbarer wie humorvoll-ironischer Essayist, versteht nicht nur Biologen zu fesseln – seine Aufsätze wenden sich an alle, denen Gegenwart und Zukunft des Menschen prominentes Gesprächsthema ist.

st 37 E. Fromm, D. T. Suzuki, R. de Martino,
Zen-Buddhismus und Psychoanalyse
240 Seiten
Der amerikanische Psychoanalytiker Erich Fromm, Richard de Martino, Professor für Philosophie und Religionswissenschaft an der japanischen Universität von

Kyoto, und D. T. Suzuki, einer der bedeutendsten Vertreter des Zen-Buddhismus im Westen, unternehmen in diesem Buch den Versuch, die wesentlichen Züge des Zen-Buddhismus zu zeichnen und eine Brücke zwischen östlicher Religiosität und westlicher Wissenschaft zu schlagen, indem sie die Frage beantworten, welchen Wert die Begegnung von Zen und Psychoanalyse haben könnte.

st 38 Ulli Olvedi,
LSD-Report
ca. 240 Seiten.
LSD, die halluzinogene Droge mit dem schwierigsten Namen: Lysergsäurediäthylamid, hat längst auch auf der deutschen Drogen-Szene einen zentralen Platz eingenommen. Die Meinungen über die Gefährlichkeit von LSD sind gespalten. Ulli Olvedi kann zum erstenmal einen kompletten Bericht über alle Aspekte dieses Halluzinogens vorlegen.

st 40 Gunnar Myrdal,
Politisches Manifest über die Armut in der Welt
(gekürzte Ausgabe)
288 Seiten
Das Buch ist die Kurzfassung von Gunnar Myrdals grundlegender dreibändiger Studie »Asian Drama«, die die ökonomische Basis der asiatischen Länder untersuchte. Myrdal (Friedenspreisträger des Deutschen Buchhandels 1970) macht reichlich unkonventionelle Vorschläge, wie die reichen Nationen ihre Beziehungen zu den armen Ländern gestalten müssen, wenn sie überleben wollen.

st 41 Peter Weiss,
Das Duell
Mit Zeichnungen des Autors.
ca. 128 Seiten
Der Autor beschreibt in einer Folge von inneren Projektionen die gestörte Beziehung Gregors zur Umwelt, zu Lea und zu sich selbst. Die Doppelgängerfigur Robert verstärkt diese Grenzsituation. Aber der ästhetische Protest gegen diese Verhältnisse, gegen diese Kulturtradition läßt ihm die Kunst zu einem Totem, zur illusionären Selbsthilfe werden.

st 42 Der andere Hölderlin,
Materialien zum »Hölderlin«-Stück von Peter Weiss
Herausgegeben von Thomas Beckermann
und Volker Canaris
ca. 200 Seiten
In diesem Band soll die von Peter Weiss mit neuen Thesen vorangetriebene Kontroverse um Hölderlin dokumentiert werden: in Texten, die bei der Entstehung des »Hölderlin« eine wichtige Rolle spielten; in Aufzeichnungen, die Peter Weiss während der Arbeit am Stück niederschrieb; aber auch in Beiträgen, die eigens für diesen Band geschrieben wurden und den »Fall« Hölderlin am Stück von Peter Weiss erörtern.

st 43 Peter Handke,
Stücke I
ca. 220 Seiten
Peter Handke hebt mit seinen Sprechstücken, »Publikumsbeschimpfung«, »Weissagung«, »Selbstbezichtigung« und »Hilferufe« und mit seinem »Kaspar« den Illusionscharakter der Bühne auf. Er entwirft nicht Bilder von Handlungen, die andere Handlungen imitieren, sondern er macht die Sprache selbst zum Inhalt.

st 44 Gustav J. V. Nossal,
Antikörper und Immunität
Aus dem Englischen von P. G. Munder
ca. 300 Seiten, mit vielen Abbildungen
Dieses Buch ist eine Einführung in das menschliche Immunsystem und seine Mechanismen. Es behandelt die Antikörper und jene Zellen, die sie produzieren, und es beschreibt die Funktionsweise unseres Immunsystems.

st 45 C. L. Duddington,
Baupläne der Pflanzen
Aus dem Englischen von Elke Kranz
ca. 300 Seiten, mit vielen Abbildungen
Duddington hat ein Buch geschrieben, das all jene anspricht, die über ihre Freude an Pflanzen und Bewunderung für Pflanzen hinaus einen tiefen Einblick in die von der Natur vorgegebenen Entwicklungspläne von Pflanzen gewinnen möchten.

st 46 Samuel Beckett,
Watt
Aus dem Französischen von Elmar Tophoven
ca. 280 Seiten
»Watt« ist Becketts komischstes Buch, vielleicht eines der komischsten Bücher schwarzen Humors. Die Figuren dieses Romans, die bereits an »Warten auf Godot« denken lassen, sind eigentlich alle Clowns und ihre Reden Clownsreden.

st 47 Thomas Bernhard,
Frost
Roman
ca. 300 Seiten
»Frost« ist Thomas Bernhards erster Roman; er erschien 1963. Schon in diesem Prosatext kommt er zu seinem Thema: die ausweglose, weil exzentrische Situation; findet er seine Sprache und Form: das unablässig bohrende Ausschreiten einer erstarrten Sprach- und Gedankenwelt.

st 48 Unterbrochene Schulstunde
Eine Anthologie mit Texten von
Bertolt Brecht, Alfred Döblin, Hermann Hesse, Ödön von Horváth, James Joyce, Erich Kästner, Thomas Mann, Robert Musil, Bernard Shaw, Kurt Tucholsky, Robert Walser, Franz Werfel, Paul Nizan, Stefan Zweig
Zusammengestellt von Volker Michels
ca. 250 Seiten
14 Autoren des zwanzigsten Jahrhunderts reproduzieren das Erlebnis der Schulzeit. Das Resultat ist eine engagierte, kritische Auseinandersetzung mit dem, was Schule ist: erste Konfrontation mit Autorität und Gesellschaft.

st 49 Ernst Bloch,
Naturrecht und menschliche Würde
ca. 480 Seiten
»Naturrecht und menschliche Würde« erörtert die abendländische Naturrechtsdiskussion von Epikur und der Stoa über Thomas von Aquin, Althus, Hobbes, Grotius, Rousseau, Kant, Fichte, die Französische Revolution und Marx bis zum Bürgerlichen Gesetzbuch und faschistischen Theorien.

st 50 Hans Erich Nossack,
Spirale
Roman einer schlaflosen Nacht
ca. 320 Seiten
»Ein Mann erzählt, was ihn schlaflos machte. Er müht sich, sein Leben zurück und zu Ende zu denken. Traum und Bewußtsein, Romantik und Psychoanalyse, Parodie und Märchen bestehen hier nebeneinander.« *Willi Fehse*

st 51 Tschingis Aitmatow
Der weiße Dampfer. Roman
Aus dem Russischen von Hans-Joachim Lambrecht
176 Seiten
In der Zeit einer neuen aufgeklärten Gesellschaft hat sich irgendwo in kirgisischer Bergeinsamkeit der Märchenglaube erhalten. Mit poetischer Eindringlichkeit erzählt Aitmatow die Geschichte des Jungen, der zwei Märchen besaß und von denen kein einziges blieb. Aitmatow – 1928 in Kirgisien geboren – ist als ein Meister des Erzählens bekanntgeworden. Aragon nennt »Dshamilja«: Die schönste Liebesgeschichte der Welt. (Bibliothek Suhrkamp)

st 52 Hermann Hesse
Unterm Rad
Erzählung
Kein anderes Buch Hermann Hesses hat unmittelbar nach Erscheinen (1906) eine vergleichbare Welle der Entrüstung ausgelöst. Neben Musils »Die Verwirrungen des Zöglings Törleß« war »Unterm Rad« die nachhaltigste Anklage gegen das Erziehungsritual jener Jahre. Auch heute noch gilt die Empfehlung von Theodor Heuss: »Ein Tendenzwerk? Ja, dort, wo es mit warmen Worten das Recht der Jugend auf eine Jugend verlangt!«

st 53 Materialien zu Hermann Hesses Steppenwolf
Herausgegeben von Volker Michels
Eine Dokumentation der Entstehungs- und Wirkungsgeschichte des Werkes, das Hermann Hesse zum meistgelesenen europäischen Autor in den USA und Japan gemacht hat. Der Band enthält eine Fülle von unveröffentlichtem Material, das erstmals die zeit- und gesellschaftskritischen Motivationen Hermann Hesses in das Bewußtsein rückt.

st 54 Claude Hudelot
Der Lange Marsch
Aus dem Französischen von Gundl Steinmetz
ca. 400 Seiten
Durch den legendären *Langen Marsch* (1934 bis 1935) wurde die chinesische Rote Armee vor der Niederlage gerettet und konnte im Norden eine neue Basis aufbauen, von der aus sie den Kampf gegen die japanischen Okkupanten und damit ihren endgültigen Siegeszug antrat. Der Sinologe und Chinahistoriker Claude Hudelot hat aus allen ihm zugänglichen Texten eine fesselnde Reportage des Langen Marsches rekonstruiert, die zugleich Realität und Mythos dieses Geburtsereignisses der Chinesischen Revolution deutlich macht.

st 55 Lucien Malson
Die wilden Kinder
Aus dem Französischen von Eva Moldenhauer
286 Seiten
Lucien Malson stellt alle bisher bekanntgewordenen Fälle von Kindern dar, die außerhalb jeder menschlichen Gesellschaft quasi wie Tiere aufgewachsen sind. Der Band enthält außerdem die Beschreibung der Sozialisierungsversuche des »Wolfsjungen von Aveyron«, die sein Erzieher Jean Itard Anfang des 19. Jahrhunderts veröffentlicht hatte. Diese Beschreibung diente dem französischen Regisseur François Truffaut als Vorlage für seinen erfolgreichen Film »Der Wolfsjunge«.

st 56 Peter Handke
Ich bin ein Bewohner des Elfenbeinturms. Aufsätze
240 Seiten
Die gesammelten Aufsätze, die allgemein theoretischen und die Filmkritiken, die Buchbesprechungen und die sich auf die Tagespolitik beziehenden, enthalten programmatische Äußerungen über die gegenwärtige kulturelle und gesellschaftliche Situation. Und sie sind Ausdruck eines weitgespannten Temperaments.

st 57 Marie Luise Kaschnitz
Steht noch dahin
96 Seiten
Prosaskizzen, gewichtiger als manches umfangreiche Buch. Marie Luise Kaschnitz hat darin Einsichten ihrer Weltschau gesammelt. Sie reflektiert die menschliche Vergeßlichkeit, die Unfähigkeit, aus Erfahrungen zu lernen.

Zugleich aber klingt die Hoffnung an, der Mensch könne zu der Einsicht gelangen, daß er veränderbar sei.
Hermann Kesten: »Man findet eine poetischen Reichtum auf engstem Raum, eine Fülle von lakonischen Einfällen. Es ist eine Weltkritik in Blitzlichtern.«

st 58 Hans Mayer
Georg Büchner und seine Zeit
480 Seiten
Dieses Buch ist eine der lebendigsten Darstellungen des großen Dichters und Revolutionärs Georg Büchner und der Nachwirkungen seines Werkes. Die kenntnisreiche Schilderung der Zeit, in der Büchner wirkte, macht es zugleich zu einer Studie über Geschichte und Geistesgeschichte der Periode der Metternichschen Restauration.

st 59 Pietro Hammel
Unsere Zukunft: die Stadt
240 Seiten, mit vielen Abbildungen
Der vorliegende Band des in Rotterdam lebenden Schweizer Architekten und Städteplaners ist eine präzise Analyse des Phänomens Stadt und ihrer derzeitigen Probleme und der Versuch, ein neues Bewußtsein für die noch ausstehende Therapie unserer großen Städte zu schaffen.

st 60
Wie, warum und zu welchem Ende wurde ich Literaturhistoriker?
ca. 240 Seiten
Der Band erscheint zum 70. Geburtstag Robert Minders. Seine Themenstellung geht auf eine Anregung Minders zurück. Die Beiträger bereiten dem großen Kollegen keine der üblichen Festschriften, sondern stellen sich am Beispiel des eigenen Werdegangs zugleich auch den aktuellen Problemen ihrer Disziplin. – Namhafte Gelehrte nehmen an diesem Unterfangen teil, und so kann der Band auch angesehen werden als Lageskizze einer Wissenschaft heute, ausgeführt von ihren ausgewiesenen Vertretern.

st 61 Herbert Achternbusch
Die Alexanderschlacht
240 Seiten
Über *Die Alexanderschlacht* schrieb Reinhard Baumgart: »Sieht neben Achternbusch der Blechtrommler Oskar nicht

aus wie ein Gottfried-Keller-Zwerg in Bleyle-Hosen? Denn das ist sicherlich zweierlei: den Anarchismus nur vorzuführen als ein Thema oder ihn loszulassen als eine Methode. Genau das tut Achternbusch.«

st 62 Claude Lévi-Strauss
Rasse und Geschichte
Aus dem Französischen von Traugott König
ca. 100 Seiten
1952 veröffentlichte die UNESCO eine Schriftenreihe, in der von wissenschaftlicher Seite in allgemeinverständlicher Form die Unsinnigkeit jeder Art von Rassismus dargelegt werden sollte. Unter den Autoren befand sich der damals nur in Fachkreisen bekannte Ethnologe Lévi-Strauss, dessen Beitrag das Thema jedoch weit überschritt und sich heute als leichtfaßliche Einführung in den Problemkreis des Strukturalismus anbietet.

st 63 Wolf Lepenies
Melancholie und Gesellschaft
352 Seiten
Melancholie und Gesellschaft ist die bislang material- und erkenntnisreichste Untersuchung der verschiedenen Spielarten bürgerlicher Melancholie als eines historischen soziologischen Phänomens der bürgerlichen Gesellschaft. Ziel dieser Studie ist es, den ideologieverwandten Charakter dieser Affekthaltung und ihre Abhängigkeit von gesellschaftlichen Verhältnissen nachzuweisen.

st 64 F. Cl. Werner
Wortelemente lateinisch-griechischer Fachausdrücke in den biologischen Wissenschaften
480 Seiten
Lateinisch-griechische Fachbegriffe spielen vor allem in den biologischen Wissenschaften, einschließlich der medizinischen Anatomie und Physiologie, eine nicht zu eliminierende Rolle. Dieses Fachwörterbuch wird für all jene zum unerläßlichen Hilfsmittel, die sich mit den biologisch orientierten Naturwissenschaften beschäftigen: Wissenschaftler wie Naturfreunde.

st 65 Hans Bahlow
Deutsches Namenlexikon
592 Seiten
Die grundlegenden Fragen der Namenentstehung,

Namenfestigung und Namenverbreitung beantwortet das Deutsche Namenlexikon. Insgesamt 15 000 Familiennamen mit ihren Ableitungen und viele Vornamen finden hier eine durch gesicherte Kenntnisse fundierte, ausführliche Deutung nach Ursprung und Sinn.

st 97/98 Knut Ewald
Innere Medizin
ist das auf dem aktuellsten Stand befindliche, derzeit erhältliche Kompendium der Inneren Medizin. Als übersichtliches – den ganzen Stoff der Inneren Medizin stichwortartig resümierendes – Nachschlagwerk ist es das ideale Handbuch für alle Studierenden, Ärzte und interessierte Laien. Ein umfangreiches Sachwortverzeichnis ermöglicht eine rasche Orientierung.

st 127 Hans Fallada
Tankred Dorst
Kleiner Mann – was nun?
Eine Revue von Tankred Dorst und Peter Zadek
ca. 200 Seiten
Tankred Dorst hat Hans Falladas 1932 erschienenen Roman »Kleiner Mann – was nun?« dramatisiert, der zu einem der größten Bucherfolge seiner Zeit wurde. In der Geschichte des kleinen Angestellten Pinneberg und der Arbeitertochter Lämmchen in den Jahren der großen Arbeitslosigkeit erkannten Hunderttausende ihre eigene Geschichte, ihren Alltag, ihre Welt. Die Dramatisierung von Tankred Dorst wurde für die Neueröffnung der Städtischen Bühnen Bochum unter der Leitung von Peter Zadek vorgenommen.

st 150 Zur Aktualität Walter Benjamins
Aus Anlaß des 80. Geburtstags von Walter Benjamin herausgegeben von Siegfried Unseld
288 Seiten
Der vorliegende Band »Zur Aktualität Walter Benjamins« nimmt wichtige, hier erstmals publizierte Abhandlungen auf, die aus diesem Anlaß geschrieben worden sind, und Texte von Walter Benjamin, seine »Lehre vom Ähnlichen«, eine umfangreiche Variante der Arbeit »Über das mimetische Vermögen«, den autobiographisch bedeutenden Text »Agesilaus Santander«, den Briefwechsel mit Bertolt Brecht und drei Lebensläufe, deren letzter kurz vor seinem Tod geschrieben wurde.